ある日銀マンの昭和史

――ノンキャリ・一兵卒の「私の履歴書」――

末藤高義 著

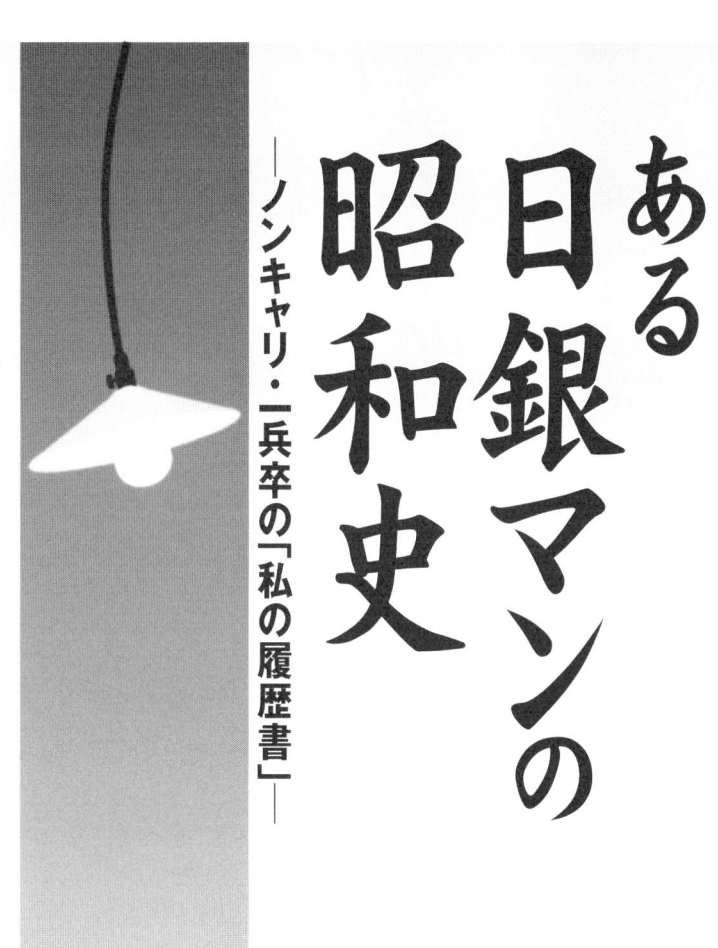

発行 ⊕ 民事法研究会

まえがき

　平成24（2012）年10月、東京および仙台でIMF・世銀年次総会が開催された。188カ国の蔵相・中央銀行総裁が出席されたと伝えられている。わが国で開催されるのは48年振りのことである。IMF・世銀といえば、私にとって懐かしい思い出がある。IMFからの金買入れ、世銀債の購入、そして世銀入行の夢、いくたびワシントンを訪れたことか……。

　本題に入ろう。日本銀行については様々な方々が、いろいろな角度・立場から数多くの書物を書いておられる。また、日銀を題材とした小説の傑作もある。私は学者でもなく、エコノミストでもなく、大局を俯瞰できる日銀のエリートでもない。日銀のランクで言えば、最下層の「中卒・地方採用者」の1人として、日銀在勤37年間、ひたすら与えられた日銀の国際畑の片隅を土俵として上司の命に従って走り回ってきた「一兵卒」、「組織の下草」に過ぎない。そのような私が、日銀の全体像を描くことはとてもできないことであり、また、書くことを試みること自体が烏滸がましい企てであることも十分承知している。ただ、私の頭には、終戦後から約40年間、朝鮮戦争、高度経済成長期、ニクソンショック、ブレトンウッズ体制の崩壊、変動相場制への移行等、国際金融・通貨面での動乱の舞台を駆け抜けた昭和一桁の日本人の体験がびっしりと詰まっている。人生は、運・鈍・根。私はこの諺に恵まれた。太平洋戦争による時代の荒波をくぐり抜け、自分の人生を特別なものと信じ、生き抜いてきた証しを風化させたくないとあがく「哀れな老人」と呼ばれるのは覚悟のうえで、私はこの記録をまとめてみた。

　IT社会が定着しつつあり、食も住もなにもかも不自由のない現代の豊かな日本に住む人々、特に金融界で活躍されている若い方々には、私

ども昭和一桁生まれのたどった道は想像できないことが多いのではなかろうか。

米軍機の機銃掃射に追われ、焼夷爆弾の炎の中を逃げ回り、すきっ腹を抱えながら終戦を迎えた私は、昭和22（1947）年に日本銀行熊本支店に入行した。昼は銀行でお札を数え、夜は旧熊本第6師団跡地の枯れススキがそそり立つ練兵場の一隅で鍬を振るい、さつまいも作りに精を出し、薄暗い裸電球の下で高校、大学を卒業した。

その後、上司の方々の暖かい手に助けられ、フルブライト留学生として米国大学院で学び、青山学院大学の講師を務め、ニューヨーク駐在事務所に勤務し、当時沸騰する国際金融界の動きを身をもって体験することができた。そして、昭和59年、私は縁あって、わが国にようやく根付き始めたクレジットカード業界に転進し、日本におけるクレジットカードの定着・国際化（ガラパゴス化の防止）に微力を尽くす機会を与えられた。事を成し遂げるのに必要な条件としてよく言われる「運・鈍・根」と、司馬遼太郎著『坂の上の雲』に示される「一朶の雲」の言葉を私はひそかにモットーとしている。

本書は、私のささやかな日銀における勤務歴を縦糸にし、その時々の国際金融・為替体制の激しい動きを横糸として紡いだ一編の記録である。若い方々に、こんな時代もあったのか、こんな生き方もあったのか、をお伝えしたい（なお、本編は可能な限り公表された参考書に基づいて記述したが、私の独断と偏見、記憶の衰えによる部分もあることを危惧する。文責は一切私にある。また、当時の用語をそのまま用いたので、今日の言葉使いと異なっているところが多い。ご了承いただきたい）。

私は、これまでに、クレジットカード業界にかかわる犯罪防止策、クレジットカード関連の用語事典並びにインターネット関連の犯罪防止策について7冊の愚著を出版してきた（119頁に一覧表を収録した）。これ

らは、すべて民事法研究会の田口信義社長のお蔭によるものである。現在は、出版不況が続き、一般図書の刊行は極めて厳しいと聞く。そのような折にもかかわらず、本書の出版の機会を与えてくださった田口社長のご厚情に心から御礼申し上げる次第である。また、本書の編集・校正作業全般について、松下寿美子さんに大変お世話になったことを記して感謝を申し上げたい。

　平成25年4月吉日

　　　本書を妻洋子に捧げる。ありがとう。

末 藤 髙 義

目　次

序章　プロローグ……………………………………………………………1

　ふるさと……………………………………………………………………1
　済々黌と黄な線……………………………………………………………4
　　●忘れられない出来事(1)●　だご石投げ…………………………7
　　●忘れられない出来事(2)●　袋叩き…………………………………8
　さつまいも…………………………………………………………………9

第1章　日本銀行熊本支店の頃（昭和22年4月〜25年3月）……14

　❀入行試験…………………………………………………………………14
　❀日銀社会における特殊な体験…………………………………………14
　❀1から100まで……………………………………………………………15
　❀兌換箱……………………………………………………………………16
　❀金庫前のセレモニー……………………………………………………17
　❀現　送……………………………………………………………………18
　❀損傷券の引き換え………………………………………………………20
　❀本章の結び………………………………………………………………21
　　●忘れられない出来事●　面接入社試験……………………………22
　　〈時代小史〉（昭和22年4月〜25年3月）………………………………23

第2章　選抜試験のいま昔……………………………………………25

　❀日銀入行希望者のタイプ………………………………………………25
　❀日銀の行員採用制度……………………………………………………26
　❀キャリア組、エリート組、地方採用者………………………………26
　❀一選抜……………………………………………………………………28
　❀女性行員と女性キャリア………………………………………………29
　❀日銀において「わが道を進んだ人々」………………………………31

目次

 ❀日銀における従業員組合活動……………………………32
 ❀エリートの挫折………………………………………………33
 ❀日銀の不祥事………………………………………………34
 ❀超エリートの出世街道……………………………………34
 ❀本章の結び…………………………………………………35
  ●忘れられない出来事●　ブラオタハイア・スクフール……36

第3章　日本銀行の体質……………………………………38

 ❀エリートの育て方…………………………………………38
 ❀海外事務所勤務……………………………………………39
 ❀職員の海外留学……………………………………………39
 ❀日銀のあだ名………………………………………………41
 ❀本章の結び…………………………………………………42
  ●忘れられない出来事●　マージャン……………………42

第4章　本店外国為替局（昭和25年3月〜35年4月）………44

 ❀本店へ転勤…………………………………………………44
 ❀調査係………………………………………………………44
 ❀当時の日銀の英語に対するスタンス……………………45
 ❀恩人との出会い……………………………………………46
 ❀米国大使館スミス参事官からの便り……………………47
 ❀本章の結び…………………………………………………47
  ●忘れられない出来事(1)●　中大夜間部の体育………48
  ●忘れられない出来事(2)●　酷鉄痛勤電車……………49
  〈時代小史〉（昭和25年3月〜35年4月）………………50

第5章　名古屋支店へ転勤、フルブライト留学
   （昭和35年4月〜39年7月）……………………52

 ❀名古屋支店へ転勤…………………………………………52

- ❋ガリオア・エロア留学制度……………………………………………52
- ❋フルブライト留学制度………………………………………………53
- ❋フルブライト合格……………………………………………………54
- ❋フルブライト渡米……………………………………………………54
- ❋Arizona University での研修………………………………………54
- ❋Washington D.C, American University……………………………55
- ❋修士号取得に挑戦……………………………………………………56
- ❋恩師・学友の思い出…………………………………………………57
- ❋本章の結び……………………………………………………………59
  - ●忘れられない出来事● 羽田飛行場のこと………………………60
  - 〈時代小史〉（昭和35年4月～39年7月）……………………………61

第6章　留学帰国から再渡米まで
　　　　（昭和39年7月～42年10月）………………………………62

- ❋フルブライト留学終了………………………………………………62
- ❋青山学院大学非常勤講師……………………………………………62
- ❋昭和42年は忘れることができない年………………………………63
- ❋人事雀のさえずり……………………………………………………64
- ❋ニューヨーク駐在事務所へ出発……………………………………66
- ❋本章の結び……………………………………………………………66
  - ●忘れられない出来事● ピアニスト　弘中孝氏…………………67
  - 〈時代小史〉（昭和39年7月～42年10月）…………………………68

第7章　ニューヨーク駐在事務所
　　　　（昭和42年10月～45年4月）………………………………70

- ❋マンハッタンの思い出………………………………………………70
- ❋米国連邦準備制度……………………………………………………71
- ❋オフィスの仕事………………………………………………………72
- ❋在任中の国際金融・通貨情勢………………………………………73

- ❀金"gold"との出会い……………………………………………73
- ❀エピソード…………………………………………………………74
  - ・FRB 研修……………………………………………………74
  - ・FRB 図書館…………………………………………………74
  - ・最低の在席率………………………………………………75
  - ・自動車………………………………………………………75
  - ・アパート……………………………………………………76
  - ・東京銀行の敏腕ディーラー………………………………76
  - 💰知恵袋　what is 外貨準備？……………………………77
  - ・出張先………………………………………………………78
- ❀帰国命令……………………………………………………………78
- ❀本章の結び…………………………………………………………79
  - ●忘れられない出来事●　バレリーナ　森下洋子さんと豚児………80
- 〈時代小史〉（昭和42年10月〜45年4月）……………………81

第8章　帰国、再び外国局へ （昭和45年4月〜52年5月）………82

- ❀外国局運用係………………………………………………………82
- ❀激動する国際通貨情勢の真っただ中へ…………………………83
  - ・IMF 特別引出権（Special Drawing Right＝SDR）の創設………83
  - ・ニクソンショック…………………………………………84
  - ・変動相場制のスタート……………………………………84
  - ・スミソニアン合意…………………………………………85
  - ・世銀債購入…………………………………………………85
  - ・運用係長任命………………………………………………86
  - ・IMF 等からの金買入れ……………………………………86
  - ・EMS（欧州通貨制度）の発足……………………………86
  - ・日本円の防衛策発表………………………………………86
  - ・IMF、財務省、NYFRB からの金購入…………………86
  - 💰知恵袋　金（gold）が大好きなお国柄は？……………87

- ❀本章の結び ··88
  - ●忘れられない出来事(1)●　チップと人種差別··················89
  - ●忘れられない出来事(2)●　金の現送····································91
  - 〈時代小史〉（昭和45年4月〜52年5月）··································92

第9章　大阪支店と神戸支店、本店外国局
　　　　（昭和52年5月〜59年11月）···93

- ❀大阪支店の思い出··93
- ❀神戸支店の思い出··94
- ❀貯蓄推進運動··95
- ❀本店外国局··98
- ❀本章の結び··99
  - ●忘れられない出来事●　コカコーラ···································100
  - 〈時代小史〉（昭和52年5月〜59年11月）······························101

第10章　日銀からクレジットカード業界への転進
　　　　（昭和59年11月〜平成6年10月）································103

- ❀VISA インターナショナルへ転進
  （昭和59（1984）年11月〜平成元（1989）年5月）··············103
  - ・なぜカード業界へ？··103
  - ・日銀退職··104
  - ・新世界での再挑戦··105
  - ・ソウルオリンピック··106
  - ・VISA 退職··107
- ❀日本信販へ入社（平成元（1989）年6月〜2（1990）年9月）········108
- ❀MasterCard インターナショナルへ転進
  （平成2（1990）年10月〜6（1994）年10月）······················110
  - ・MasterCard インターナショナルの対日進出··················110
  - ・セキュリティ・オフィサーの思い出··································112

・広島アジアスポーツ大会……………………………………114
　❀エピソード………………………………………………………115
　　　・クレジットカード幽霊伝票の怪……………………………115
　　　・旧為管法のもとでの悪戦苦闘………………………………115
　　　・クレジットカード取締法の抜け穴…………………………116
　　　・チャージバック………………………………………………117
　❀本章の結び………………………………………………………117
　　●忘れられない出来事●　これまでに出版した本のこと………118
　〈時代小史〉(昭和59年11月～平成6年10月)………………………119

終章　エピローグ……………………………………………121

　❀木曽の御嶽山……………………………………………………121
　❀日銀時代の畏友…………………………………………………122
　❀某米国大手銀行からの接触……………………………………124
　❀宇佐美洵総裁の思い出…………………………………………125
　　　・宇佐美総裁誕生の政界裏事情………………………………125
　　　・総裁の出身母体と「特定産業振興臨時措置法案」………126
　　　・総裁による新風……………………………………………126
　　　・総裁をめぐる逸話等………………………………………127
　　　・総裁と私……………………………………………………129

〔略　歴〕……………………………………………………………132

序章　プロローグ

　本題に入る前に、私の生いたち、幼少期から戦前の旧制中学校での生活や父母のことなども含めて、戦前から戦後直後にかけての名もない一市民の生活の記録を思い出すままにまとめてみることにした。

　興味のない方は飛ばしていただいて、第1章へ進んでいただきたい。

ふるさと

●ふるさと

　「兎追いし彼の山、こぶな釣りし彼の川……」の甘く切ないメロディで歌われる故郷の思い出は、私にはない。私はふるさとを捨てている。後で述べるが、あまりにも辛く悲しい思い出が多すぎるからだ。それでも、強いて「どこか」と言われれば熊本となろう。転々と引っ越した各地の中で最も長く（7年間）住んだところ、そして親戚が固まって住んでいたところがその理由である。

　熊本といえば、「五木の子守唄」、「おてもやん」、「水前寺清子」、「百姓兵の熊本鎮台」、「田原坂の決闘」、「旧陸軍最強といわれた第6師団」、「水前寺」等の言葉が頭に浮かんでくる。

　熊本市の中央部から東南方向約5キロに満々たる水をたたえる江津湖がある。誰か不心得者が台湾からひそかに持ち帰った雷魚（タイワンドジョウ科の魚の総称）を放流した。繁殖力、生命力が極めて強く、性獰猛、鋭い歯をもつこの魚（成長すると50〜60センチ前後となる）は、在来種の小魚を食い尽くし、広い湖水を我が物顔に泳いでいる。「ふりちんでは絶対に泳ぐな、おちんちんを食われるぞ」と腕白坊主たちは言い含められていたものだ。当時、この魚は地元の人々の貴重な蛋白源であ

った。

●水前寺

　この湖のすぐ近く、熊本市の一端に藩主細川忠利が築造した名園、水前寺がある。私の先祖「末藤家」は、細川候に祐筆(ゆうひつ)として仕え、廃藩置県の際に、水前寺近辺の地所を手に入れた大地主である。家紋は「抱き茗荷」である。その後、本家は医者、分家は精米所、薬屋、お寺などに分かれたようだ。人の命を託する商売を一族で占めていた感がある。父善三郎は、本家の三男坊として生まれた。10で天才、15で才子、20歳過ぎればただの人であったようだ。第五高等学校、東大法学部（独法）を卒業し、内務省に入省、順調な出世街道を歩みだした。学費に金がかかったと言われ、あっさりと末藤家の相続権を放棄、「渡邊家」の養子となった。

　母富貴の実家、「渡邊家」は、佐賀藩、鍋島候に仕えた葉隠れ武士の血を引く一族で、廃藩置県の際、長崎で廻船問屋を開き、その後長崎市で1、2を争う豪商となった家であった。父あつしは気性が激しく、大酒のみで、商談で気に食わないことがあると船から積荷を蹴落としたという逸話がある。母は、その家の一人娘として育った。幼い私によく「龍造寺氏の釣天井」や「化け猫怪談」を語ってくれた。おんぶに抱っこで育てられ、お茶、生け花、三味線、お琴は得意だが、まったく生活力のないお姫様であった。女手一つで子供を育てる女親の姿とは正反対に、父の死後はひたすら私にすがる母親であった。

　父善三郎は、養子に入ったが義父と合わず大喧嘩となり渡邊姓を捨て末藤姓に戻った。理由は今となっては知るすべはない。母との間に一姫二太郎を授かった。楽しい家族の団欒と出世コースは福島県庁時代に終止符が打たれた。部下の不詳事件で「監督不行き届き」の責任を取らされ、閑職に左遷、1年で復帰したものの嫌気がさしたようだ。やがて父

は辞表を提出し、弁護士を開業、故郷の熊本に戻った。しかし、故郷は必ずしもこの一家を暖かく迎えてはくれなかった。養子縁組解消騒ぎが災いとなっていたようだ。

● 熊本空襲

　終戦直前の昭和20（1945）年7月1日、父は熊本空襲（B29、154機が来襲し、焼夷爆弾1,100トン余りを投下し、死者388人、重軽症者476人、消失家屋9,077戸）で大怪我をした。当時軍国少年であった私は、家に伝わる太刀一振りを片手に、血だらけの父を背負って火の海を逃げ回ったことを今でも鮮明に覚えている。

　その後は、わずかに残った母の着物や帯を売って食いつないできたが、餓えに苦しむ日々が続いた。家族5人はさつまいもを分け合い露命をつないだ。父は皿の上に最後に残った一切れの芋を「肥後のいっちょ残し」といって笑いながら子供に譲り、ひそかに庭の裏手の八つ手の葉をちぎり口にして餓えをしのいでいた。父は火傷が元で失明した。眼が見えなくなっても、わたしの難しい微分積分の質問に的確に答えてくれた父であった。親戚の医者は父の死因を心不全としてくれたが、私は飢え死にしたと思っている。享年57歳。昭和25（1950）年、私たち一家は熊本を離れた。その後は、新婚旅行の時と、多くの親戚の中でたった1人私を可愛がってくれた叔母が他界した時に熊本を訪れただけで、脳裏から熊本を消し去ろうと努力している。父の遺骨を納めていたお寺さんから、それとはなしにお骨を引き取れとの連絡がきたのを機に、東京新宿の高台で曹洞宗永平寺の流れをくむ観音庵に墓地を求めた。両親は今は静かに東京で眠っている。

　父母のお墓があり、姉・弟夫婦が住み、最も長く生活しているこの東京の地を、私は故郷と呼ぶべきであろうか。しかし、私はひそかに「ふるさとは遠くにありて偲ぶもの」と呟くこともある。

済々黌と黄な線

●ひ弱な子

　幼少時代、私は甘やかされて育てられた故か、心身ともに虚弱児童で、扁桃腺、腎臓病、肺炎、百日咳、中耳炎等いろいろな病気を経験した。腎臓病のときは特にひどく、顔がむくんで頬っぺたと鼻との高さが同じになってしまい（いわゆるムーンフェイス）、体に良いと母が無理して冬場に探し求めた西瓜の赤い汁を飲みながら、「おなかがすいた……」と泣いていたそうである。両親は医師から最後の覚悟を求められていたようだ。

　しかし、小学校5年の時であったろうか、たまたま叔父が来宅しこの状態を見て一驚、両親を説得し、私を夏休みを通じ、父が関係していた福島県の満蒙開拓青年義勇団の粗末な施設に連れて行った。見渡す限り広大な野原を走り回る日々、規則正しい生活、粗末な食事、これを機に私は健康を取り戻した。

●転勤と転校

　父は、熊本中学、第五高等学校、東京帝国大学法学部（独法）を卒業し、内務省の官吏となった。よく転勤した。私は、小学校（国民学校）で2回、中学校で3回、転校を余儀なくされた。言葉にも慣れ、落ち着いて勉強できるようになったのは、済々黌1年3学期の頃からであったろうか。遅咲きの桜が咲き誇る県立福島中学に入学し、門前に張り出されていた「ドキドキする胸を押さえて……」から始まる入学感想文をみて、「僕の作文だ」とびっくり仰天した。師範学校卒業ほやほやの先生が暖かく迎えてくださった。しかし、ここはわずか1学期で転校となった。

●熊本弁

　熊本市内には当時、有名校として秀才たちが競い合う熊本中学（父の母校）と陸士・海兵進学校で喧嘩学校として知られた済々黌中学とがあったが、いずれも空席がなく、私は昭和19（1944）年、熊本郊外の上益城郡にある三船中学（現在、全国高校ロボット競技大会で活躍）の寄宿舎に入れられた。福島のズーズー弁から、「キャー」とか、「……タイ」の破裂音を多発し、「むしゃんよか」、「しこっとる」などわけのわからぬ言葉を口にする熊本弁の世界に放り込まれ、寄宿舎の共同生活にとまどい、イジメにもあった。

　いきなり「ヌシャショダンカ」と問われ、意味がわからずに黙っていると、「すごい１年生がやってきた、１年生で柔道初段だぞ」と噂が広がった。体育の時間に茶帯を締めた見るからに強そうな上級生がうやうやしく近寄ってきた。いきなり巴投げをくらい畳に投げつけられた。「ウストレーコツ」（恥ずかしいこと）であった。

●済々黌

　中学１年生の夏休みに済々黌に編入を認められ、自転車通学が始まった。制帽には青森の「八甲田山死の行進」でおなじみの当時の軍人がかぶっていた軍帽と同じ黄色い線が入っており、遠くからでもすぐわかる。通学時は、現在、高校野球で活躍している九州学院高校の門前を毎日通らざるをえなかった。彼らは帽子をペシャンコにして油を塗りたくり、これを阿弥陀にかぶってあたりを睥睨していた。「ガンつけ」（睨み合い）数分、取っ組み合いもした。喧嘩はあの時代のスポーツであった。

●三綱領

　済々黌といえば、三綱領が思い出される。校庭で、あるいは教室でよくドラ声を張り上げたものだ。

　　「倫理を正しゅうし／大義を明らかにす／廉恥を重んじ／元気を

振るう／知識を磨き／文明に進む」

● 級長とサーベル

　昭和19（1944）年といえば戦時色真っ盛り、軍国主義教育の下、私はようやく頭角を現したようだ。やがて級長に任命された。軍服まがいの制服に黄な線帽、短い脛(すね)にゲートルを巻き、軍事教練を受けた。当時、中学には配属将校制度があり、若手バリバリの現役将校がやってきて、「かしら　うしろ」と叫んだ不心得者（？）に容赦ないビンタを浴びせていた。当時の私どもは、往復ビンタ、尻叩き等は当たり前のこととして受け止めていた。現在、教師、特にスポーツ関係の指導者のビンタ等が大騒ぎとなっている。違和感に苦しめられる。

　中学4年生になると、毎朝、私はサーベルを帯し、ご真影、教育勅語が納められている奉安殿から日章旗を持ち出し、剣付き鉄砲を担いだ8名の護衛兵に前後左右を守られて、1,000名近い全校生徒の前で壇上に立ち敬礼を受けるようになった。「捧げ――銃(つつ)」の号令で全生徒が敬礼する、壇上に立つ私はわずかに旗を下げる、これが答礼であった。母や姉弟が見学にきた。戦況が悪化すると若手将校は去り、老准尉殿が配属されてきた。

● 行　進

　北朝鮮の兵士の行進風景。全国高校野球大会で見られる球児たちの誇らしげな入場行進。いずれもテレビでお馴染みのシーンだ。前者はガチョウ行進、あるいはナチス行進と呼ばれる。膝を曲げずにまっすぐ伸ばした脚を高く上げ、踵(かかと)を地面に叩きつける歩き方だ。きわめて威圧的だ。

　日本の行進方法は逆で、膝を積極的に曲げて脛を地面に垂直にする歩き方だ。明治初期オランダ陸軍の教範から採用されたものだ。「泥田歩き」ともいう。「歩調とれ」の号令の下、この泥田歩きの行進が始まる。教室で授業を受けていると、配属老准尉殿が広い校庭でただ1人、この

歩き方を研究しているシーンを窓越しに見たことを覚えている。

●進学を断念

　私のこのサーベル姿は、空襲で家を焼かれ、父が大怪我をし、私が高校進学を諦めた時に終わった。何故卒業時までトップの座を維持させてもらえなかったのか。学校の仕打ちは理解できなかった。誇らしい帯剣の座は副級長で進学を目指すＴ君に与えられた。弊衣破帽（へいいはぼう）、バンカラスタイルで、「武夫原頭（ぶふげんとう）に草萌えて……」の寮歌を歌い、「でかんしょ」を踊る私の夢は消えた。以来、私はクラス会には出ていない。

●忘れられない出来事(1)●

だご石投げ

　当時の済々黌には、まことに野蛮な習慣が残っていた。卒業生がお世話になった先生（特に厳しかった先生）の家の玄関に、漬物の重しにするぐらいの大きさの石（だご石）をお礼参りと称して投げ込む儀式である。これには厳しいルールがあった。お礼参りの時刻は卒業した日、つまりその日の夜中零時まで、襲撃者は下駄をはいていくこと、これは守る方に生徒たちの足音を聞かせ襲ってきたことを知らせる意味がある。生徒側は必ず素手でいく、守るほうは竹刀を振ることができる、などである。先生側は玄関を畳などで防壁を作って待つ。生徒たちは下駄をカラコロ鳴らしながら、ワーッと押し寄せる。先生は竹刀で生徒をぶん殴る。それをかいくぐった生徒が「だご石」を玄関に投げ込み、すたこら逃げ出す。まことに楽しいが野蛮きわまるセレモニーであった。

●忘れられない出来事(2)●

袋叩き

若手の配属将校がある日、「右向け右」の号令に従わず、わざと左を向いた生徒をサーベルの鞘で殴ったことがあった。殴られた生徒の腕にたちまちミミズ腫れが浮き上がった。生徒たちは一斉に将校を取り囲み、彼を袋叩きにした。将校はしばらく起き上がれなかった。にらみ合いが続いたが、将校は「軍法会議」などと呟きながら引き上げていった。校長先生はそれからが大忙しとなった。その後何事もなく過ぎ去ったので、校長先生の働きが功を奏したと思われる。以後の教練の時間の鍛え方のものすごかったことは、今でも忘れられない。この将校もしばらくして学校を去っていった。敗戦色濃厚となったある日の出来事であった。

さつまいも

●さつまいも

「食料難を救った嫌われ者」。朝日新聞、毎週土曜日 Be 版で、長谷川町子の『サザエさん』の漫画を紹介し、その一コマの時代的背景を解説している。

平成24年10月27日のその一コマは、晩のおかずが「イモのテンプラ」。昭和一桁生れの波平は、「もう一生分食った」と言って拒否宣言をする。私はこの一文を読み、ぷっと吹き出した。以下は、私の「さつまいも恨み節」である。

薩摩芋、琉球芋、からいも、かんしょ、焼きいも、栗のような味から「9里に近い」とかけて「8里半」、また、「9里より（4里）美味い13里」ともいう。栽培しやすいので戦時中の食糧難の時代、国民の代用食になった。種子島の「安納いも」、埼玉県の川越いも「紅赤」、徳島県の金時いも等の焼きいもは確かにうまい。しかし、当時出回っていた農林1号は、燃料用アルコールの原料として栽培された。量を増やすため巨大化させたので味は水っぽくまずいものとなった。いもをめぐる思い出は辛いものばかりである。

●いも食い人

いもを常食としてる人々で有名なのは、池波正太郎の『人斬り半次郎』で名高い薩摩藩郷士、中村半次郎、カライモ武士と卑しめられ、「今に見ちょれ」と呟きながらひたすら示現流の剣を磨き、後日、日本陸軍最初の陸軍少将になった桐野利秋である。また、朝日新聞記者の本多勝一著『ニューギニア高地人』にも、いもを常食にするモニ族、ダニ族が登場してくる。

●熊　本

　熊本に戻った我が家は空襲で丸焼けとなった。知り合いの家の離れの8畳一間に一家5人。父は空襲による火傷が原因で寝たきりになり、着る物なし、食べ物なしの極貧生活が始まった。米どころといわれた熊本からは、米は見事に消えていた。親族たちはなぜか冷たく、ひたすらひもじい毎日が続いた。

●学徒動員

　中学生の学徒動員が始まり、上級生は三菱軍用飛行機工場に、低学年の私たちは近郊の農家に配属されて勤労奉仕をさせられた。農家で振る舞われるいも雑炊がありがたかった。友達が持ってきたおやつのふかしいもの切れ端しを無造作に捨てて足で踏みにじるのをじっと見つめ、拾って口にしたい誘惑を必死に押さえつけたものだ。

　畑で作業中、敵機からの機銃掃射に追われ、教えられていたとおりジグザグ運動で畑を這い回って逃げたこともあった。機上の敵が手を振っていたのを今でもはっきり覚えている。

●トントントンからりっと隣組

　戦時色が強まり、昭和15（1940）年内務省が布告した隣組強化法により、「隣組」が組織化され、食糧の配給が始まった。もしこの組織がいまでも生きていたならば、現在の老老介護や孤独死の悲劇は起こらなかったのではなかろうか。

●いもの配給

　木炭自動車が黒い煙を吐きながらやってきて道端にいも、とうもろこし、フスマの山が築かれる。隣組のおじさんたちがスコップでこの山を切り分ける。餓えた人々が周りでこの配り方をじっと見つめている。「集まれー」の号令で各家庭から一人ずつ出てくる。一つでも、一切れでも多く不平等に配られた山があると文句が出る。このようにして配ら

れたいもをバケツにいれて持ち帰る。父は、自分のふかしいもを子供に譲り、やせ細り死んだ（昭和22（1947）年9月25日）。当時、農林省が奨励した「農林1号」は南瓜のようにひたすら大きく育ったが、水っぽく、まずかった。かすいもやいもの茎も食料として配給された。かすいもとは、次の種まきのために芽をとったあとの中身がかすかすしたいもである。煮ても焼いてもまずくて食べられない。これも員数合わせのため配られた。水のような雑炊の材料となった。

●口減らし

私は、口減らしのため、ある夏休みを通じ、熊本から3里離れた木山町で大きな薬屋を営む叔父の家に住み込んだ。薪作りが交換条件である。田舎の金持ち、大きな農家、商店等は1年分の燃料を夏に確保する。山から運ばれた木材が裏庭にピラミッドのように積み上げられる。この木をまず適当な長さにのこぎりで切り、なたで割っていく。力仕事であった。先日、NHKが上映した司馬遼太郎の『坂の上の雲』の主人公で秋山兄弟の兄の騎兵将校、好古が上半身裸でこの作業を演じている。その代わり腹いっぱい米の飯が食べられた。いもの室(むろ)作りもこの時覚えた。さつまいもは気温が10℃以下になると腐る。寒い冬を通して貯蔵するため、地下に約1メートル四方の立法体の穴を掘り、いもをびっしりと並べ入れ、周囲に稲わらを敷き、籾(もみ)がらを加えて保温する。こうして、いもは冬眠し次の収穫期の春まで保存される。

●いももらい

この叔父の家の労働奉仕もひと夏で終わった。その後、私はしばしば木山町に行かされた。いももらいにである。最初は愛想の良かった叔父の一家も度重なる私の訪問に良い顔をしなくなった。小さい子が私の顔をみて「また来たよー」と叫ぶ声が聞こえて辛かった。行くのがいやだった。それでも3貫目ぐらいのいもをもらい（僅かながら代金はおいて

きた）、これを肩に担ぎ、3里（12km）の道をとぼとぼと歩いて帰る日が続いた。

　●練兵場でいも作り

　終戦となり、日本陸軍最強師団で最高の戦死率をだした熊本第6師団、旭川第7師団、青森第8師団は消滅した。米どころ、肥後米の産地熊本でも食糧事情はいよいよ逼迫してきた。熊本市役所は陸軍第6師団の広大な練兵場、「兵（つわもの）どもの夢のあと」を市民に開放し、いも作り、畑作りを奨励した。

　私は、その時はすでに日本銀行熊本支店で働いていたが、夕方帰宅すると母が用意していた飯盒（はんごう）（中にはふかしいも、たまには貴重な米の飯が入っていた）を受け取り、約1里歩いて練兵場の端にたどり着き、月の光の下、大声で軍歌を歌いながら、胸の高さまで育った枯れススキと格闘して畑を拓きいも作りを始めた。リヤカー3台分の収穫があった。まだ小さい弟も、力いっぱいリヤカーを押してくれたが、押しているのか引きずられているのかわからなかった。弟をリヤカーに乗せた。彼は喜んで「走れ走れ」と歓声をあげていたが、そのうち寝込んでしまった。私はリヤカーをクルリと逆転させ荷台を前に見て、弟といもを落とさないよう注意しながら、そして、これでしばらくはいももらいには行かずにすむと喜びながら家路を急いだ。

　●宿直といも

　日銀熊本支店でも、いもをめぐる辛い思い出がある。3カ月の研修が終わると一人前となり、宿直が割り当てられる。夕食は、各自持参した米を用務員さんに渡して炊いてもらう。私には差し出すべき米がない。黙っていもを差し出すと、年取った用務員さんが気の毒そうに無言で受け取り、ふかしてくれた。

　用務員さんは、ほとんど近郊の農家の次男、三男坊であり、食べ物に

さつまいも

は不自由していない。彼らの白米の食事がうらやましかった。私はわざと時間をずらして一人で食べた。用務員室では、時々、闇米の売買が行われていた。旧陸軍の靴下をご存知であろうか。現在の靴下と異なり、完全に一本の筒状になっており、靴下としてはもちろん、米やその他の小物入れとして使われることもあった。この白い軍足の片方には丁度米２合が入る。年配の行員がこの軍足を用務員さんから買い入れていた。白い軍足に白い米、私には高嶺の花であった。

第1章　日本銀行熊本支店の頃(昭和22年4月〜25年3月)

❁入行試験

　昭和22（1947）年4月、私は日本銀行熊本支店に入行した。

　試験は面接のみであった。支店長、次長、4人の課長と次席の方々に囲まれ、長い時間をかけて四方八方から入念な質問が繰り返された。

　日銀は毎年50〜60人の新人を採用する。当時は、戦死者数を見込んでやや多めに採用されたらしい。しかし、日銀からの出征兵士は大半が主計関連の部署に回されたこともあって、元気で復員された方が多かったようだ。新規入行者は、東大、京大卒の超エリート組、その他国立および一流大卒のエリート組、専門学校組、地方支店で採用される中学卒業組と分類されていた。軍隊でいえば、私は陸軍2等兵として入行した。

　1年を過ぎた頃、恩師高村先生が突然銀行に尋ねて来られた。昭和23（1948）年から始まった新しい学校制度、新高校制度、大学制度、2部制度（夜間学校）について詳しく説明された。「とにかく高校卒業の免状だけはとっておけ」と言われ、済々黌高校夜間部に入学した。

❁日銀社会における特殊な体験

　当時の日銀熊本支店の内部の動きを思い出してみよう。銀行関係者、年金受給者あるいは焼けたお札を両替してほしいと飛び込んでくる商店主等が出入りする表玄関、支店の生活に関連した業者が出入りしたり職員の通用門でもある裏門、建物自体の壁と敷地全体を囲む高い壁、この塀の中の建物には、大金庫と四つの課が置かれていた。お金を出し入れする発券課、お札を調べる鑑定室、銀行を相手にする営業課、国の資金

を管理する国庫課、そして支店全体の生活の面倒をみるいわゆる裏方とよばれる文書課である。発券課は、本店では銀行を相手にして大口のお金を出し入れする発券局と一般人を相手にお金を出し入れする出納局に分かれていたが、小さな支店では発券課が両者を担当していた。文書課は、職員が快適に働けるような環境づくり、職員の給料、食堂の世話、職員の行舎（官舎）の割り当てと営繕業務、この他、食堂、厨房、寝泊り施設、用務員部屋等を担当していた（休憩室にはビリヤード台が置かれていた）。裏庭には、テニスコート、卓球台等があり、昼休みにはその道の「達人たち」が覇を競い合っていた。

❁ 1 から100まで

　研修はまずお札の数え方から始まった。お札と同じ大きさに切った紙切れ100枚を与えられ、これを数えるやり方を教え込まれる。その一つは、まず100枚の紙の束（新聞紙をお札の大きさに切ったもので厚さは約1.5センチになる）をトントンと机に軽く叩きつけて左右と端を揃える。この束を裏面を上にして左手の人差し指と中指の股のあたりでギュッと締め付けて持ち、この紙束をキュッと外側にひとひねりし、右手の親指と人差し指を使って１枚ずつめくっていく。なるべく紙面全体が広く見えるようにしてめくるのがコツだ。汚れ具合、偽造の有無、折り込まれている場合はしわを伸ばす。正確さとスピードが要求される。長くやっていると左手の指が疲れて、100枚の紙束そのものが緩んでくる。バラバラになったら、「はい、そこまで」でやり直しである。ベテラン先輩の人差し指と中指の間には固い「札ダコ」ができている。

　もう一つの練習は、扇読みである。100枚の紙束の左下角を左手の親指、人差し指、中指の爪のあたりで固定し、右手の親指を表側、人差し指、中指を裏側にあてて右側にひねる動作を続けると固定したところが

扇の要となり、紙束は扇の形になる。広がった紙束の右上端を右手の親指と人差し指とで挟んで5枚単位で右から左へ数えていく。この方法は、紙面の中身を見るのではなく、ひたすら枚数を数えるためのものである。ベテランがやると、紙の束が大きく見事に広がり、その広がった紙の端を彼の指が右から左へすーっとすべっていく。

　この二つの練習が終わると、次は紙束くくりの練習である。紙束を横に寝かせ、帯紐（薄い黄色、幅約1.5センチ、長さ約30センチの細長い紙切れ、片方の先端に乾いた糊がついている）の端を100枚の紙束の中ごろに挟み込み、束の周りをくくる。帯紐の糊付け部分を横に置いた水を含ませてスポンジで湿らせ紙束をギュッと締め付けて固定する。そして、この帯紐の上部（紙束を横に立てた上部）に数えた人のハンコを押す。最初に数えてハンコを押す人を初鑑者という。この紙束の帯紐をはずし2回目に数える人を再鑑者という。再鑑者になるには、約1～2年かかる。100枚をくくったものを「把」、この把を10個くくったものを「束」、この束10個を包み込んだものを「束封」と称し、この束封20個が次に述べる兌換箱に入れられる。研修期間は約3カ月。これが終わると発券課の鑑査室勤務となり、初めて本当の札束の勘定が始まる。この手勘定方式は、現在は銀行券自動監査機やATMの内部に仕込まれているルーター付き監査機に取って代わられている。この手さばきによる勘定方式が日銀内で今でも脈々として受け継がれているかどうかわからない。

❈ 兌換箱

　世間の人々にはちょっと珍しい話や言葉使いに触れておこう。まず、兌換箱と荒木箱である。江戸時代のドラマでよく見られる千両箱（25両を一包みにしたのが40個入る。日銀金融研究所貨幣博物館に飾ってあ

る）の親類と思っていただければよい。両者ともお札入れの容器である。兌換箱はきれいに鉋をかけられた上質な木材で作られている。これに対し荒木箱は、鉋もかけず下手に触ると棘が刺さるような松材でできている。両者とも横幅約50センチ、縦約33センチ、深さ約35センチ程度の大きさで、材木の厚さは1センチ位。極めて頑丈で、四隅は鉄板で覆われ、上げ蓋には頑丈な鍵がついている。現在はこの木材はプラスチックに取って代わられている。この箱にお札を入れて運んだり、金庫の中に積み上げたりするわけだ。

　この箱にお札を収めるときに、もう一つ忘れられないのが「入れき」と呼ばれる紙切れである。箱に収めるお札の金額を記録した紙切れである。これを支店長あるいは課長等が、お札が収められたのを確認して最後にパラリと箱に投げ込み、係員がすかさず蓋をしめ、施錠する。この「入れき」には勿論、初鑑者、再監者、責任者のハンコがズラリと並んでいる。兌換箱には新しい銀行券を入れる。荒木箱には使い古したお札が収められる。箱が古くなると、時々、希望する職員に無料で払い下げられ、兌換箱は衣類等の入れ物、荒木箱は納屋において庭仕事の道具入れ等に使われる。あるいは、鉈で叩き壊して風呂の薪とすることもある。燃えカスから鉄片や錠前、太い釘などが出てきて始末に困ったものだ。

❀金庫前のセレモニー

　次に頭に浮かぶのは、「願いましてはー」の澄んだ声と「ピシャーリ」という合唱が聞かれる朝と夕方に繰り返される金庫開閉セレモニーの風景である。この声は、大金庫の前と、発券課の中で聞かれる。金庫の前では支店長が臨席し、算盤を持ってズラリと整列した発券課員の緊張度が最高に高まる。大金庫からは手押し車で用務員さんが銀行券の兌換箱や荒木箱を搬出入する。金庫の前に山積みされたお札の勘定の読み上げ

が始まる。選ばれた係員が「願いましーてはー」と節をつけて叫び、一呼吸おいて「‥‥‥円なり」、「○○○円ナーリ」と一山ごとに読み上げていき、最後に「以上です」と締めくくる。すかさず整列した課員の最前列に立っている係員が、「‥億、○百万、△△円なり」と算盤を読み上げる。数字が合っていると全員が「ピシャーリ」と叫ぶ。支店長がにっこり笑ってセレモニーは終わる。数字が合わないときは悲劇である。支店長が僅かに首をふる。

　すかさず、先に算盤を読み上げた係員の横に立っている別の係員が数字を読み上げる。算盤入れに失敗した係員はがっくりと頭を垂れる。この人の１日はあまり晴れがましいものではない。この同じセレモニーが金庫の前の発券課と鑑定室の中で毎日朝、夕繰り返される。

　研修が終わり鑑定室の中で私も何回か算盤を読み上げる役割をおおせつかった。算盤が合わないと読み上げの途中で諦めることもある。そのときは算盤をガシャッと小さく振って隣の人に合図して助けを求める。係長さん（老齢の札数え超ベテラン）から、「しようがないやつ」と睨みつけられる。算盤が苦手な私は何回も睨まれた。

❀ 現　送

　次は現金輸送の話をしよう。現在テレビドラマによく出てくるセキュリティ会社の武装警備員が付き従う現金輸送車の話ではない。運ぶ金額の規模が違う。日銀支店と本店との間でやりとりする札束の輸送の話だ。これは「現送」と呼ばれた。私の入行当時は、普通の貨物列車丸ごと１台が使われていた。日銀が国鉄から箱状の貨物列車を１台チャーターする。送る方は、前述した荒木箱に札束をぎっしり詰める。これを施錠し、むしろで包み込み荒縄で十字がために梱包する。何十個にもなるこのむしろ包みの箱をトラックで駅まで運び、これを貨車に運び入れる。この

貨車とともに運ばれるのが日銀の職員2名、用務員1名、武装警官1名である。現送員と呼ばれた。

　この現送員に指名されると東京に行ける。上京のチャンス、順番はなかなか回ってこない。命令簿を受けると天にも昇る喜びを感じたものだ。身の回りの品を風呂敷で包み、発見課の係員の見送りを受けて（このときは出征軍人の気分だ）トラックに乗り込み、銀行の裏門を出る。出ると途端に心細くなる。命がけでお札を無事届けねばならない。終戦直後は治安が悪い時代が続いた。しかし、今振り返ってみると日銀の現送車が襲われた事件はなかったようだ。現金輸送自体が超極秘扱いにされていたからであろうか。熊本から東京まで早くて一昼夜かかる。貨物列車の運行は国鉄の運行スケジュール任せである。

　貨車は、走り出してしばらくするとゴトンと線路が縦横に走っている操作場で止まってしまう。いつ動き出すのかわからない。現送員は皆積み上げられたむしろ箱の上でごろ寝して1日を過ごす。食事は用務員さんが持ち込んだコンロと木炭で飯盒炊飯してくれる。米の飯と小さな魚の缶詰1個、極楽だ。何日かかってもかまわない。むしろゆっくり走ってくれと祈っていた。風呂なし、トイレなし、小の方は列車が走っていてもなんとかなるが、大のほうは大変である。貨車がどこかでゴトンと止まったときに貨車から飛び降りて、貨車からなるべく離れないように用心しつつ小さな穴を掘って用をすませる。しかし、無情にも貨車がいきなり動き出すことがある。置いてきぼりにされたら命にかかわる。貨車は動き出すときは極めてゆっくりと動く。開いた扉に飛びついて上から引っ張り上げてもらう。寒いとき、暑いとき、出張命令は時期を選んでくれない。2日も貨車で暮らすと無精ひげが伸び蒸気機関車のススで体は真っ黒になる。

　暑い日であった。貨車の扉を少し開け扉が振動で大きく開かないよう

に荒縄で縛り上げて風を入れていた。ゴトンと止まったところがちょうど踏み切りの上になった。道端で待っている人々が貨車を見上げている。われわれは、目と鼻の先で人々を見下ろす形となった。若い母親が私を指差して小さい子供に囁いているのが聞こえた。「悪いことをするとああやってお巡りさんに連れて行かれるのよ」。私は横に座っている武装警官殿を見てニヤリと笑ったものだ。

❀損傷券の引き換え

　焼け焦げたお札を抱えて銀行の玄関口に飛び込んでくる人がいる。いわゆる損傷券の話である。貨幣損傷取締法（昭和22年12月4日法律第148号）といういかめしい法律がある。銀行券には、引き換え基準なるものが定められている。表・裏両面があることを条件に、3分の2以上残れば全額、5分の2以上3分の2未満は半額、5分の2未満は失効、とされている。焼け焦げてもその灰を崩さずに持ち込めば新券と変えてもらえる。係員にとって辛いのは汚いところに落としたお札である。マスク、虫眼鏡、ピンセットを武器に鑑定する。諦めかかった人が嬉しそうに新券を持って出て行くときは、「よかったですね」と囁きたくなる。

　最後にもう一つ、「損傷券」、「廃棄券」について述べておこう。日銀にはあらゆるルートを通じてお札が持ち込まれる。それらのお札について、変造・偽造、損傷や汚染の度合いを調べるのが前述した鑑定室だ。私も入行後数カ月この部屋に座っていた。係員は100枚の札束を前述した数え方で1枚1枚めくっていく。偽造・変造券を見つけた係員は英雄だ。支店長まで見に来る。破れたお札、汚れたお札等があれば、サッと抜き出して横に置き、新しいお札と入れ替える。中には、シュレッダーに半分嚙まれたお札もある。再び日銀の窓口から世間に出せない（流通に適しない）と判断された銀行券は損傷券と称して、廃棄処分になる。

廃棄券の処分はきつい仕事である。ほこりで眉が白くなることがある。

　私は、この鑑定室に数カ月勤務した。先に述べたように1〜100までと馴れない算盤の毎日であった。その後、文書課に配属された。発券課を早々と追い出されたのは算盤がへたくそだったのが原因と思われる。文書課では、「計算」と称される任務をおおせつかった。この仕事は、毎日、支店で行われたすべての取引を洩らさず1枚の用紙（貸借対照表）に書き込む仕事である。各課の仕事は3時に締め切られる。その詳細をすべて聞き出し、この用紙に書き込む。3時からが勝負の始まりであった。あまり早く各課の担当者のところに覗きに行くと、「うるさい！」と怒鳴られる。親切な人もいれば、意地の悪い人もいる。時間を見ながら要領よく各課を回り、必要な数字を聞きだせるようになるには数カ月かかった。この「計算」の仕事は、支店業務の全体の流れを知る上で大変役に立ち、勉強になった。

❀本章の結び

　mother complex（マザーコンプレックス＝マザコン）という言葉がある。

　母親に対して子供が強い愛着・執着をもつ状態、あるいは、自分の行為を自ら決定できず、いつまでも母親に支配されている心理状態を意味する。なぜそうなるか？　心理学者のJ・フロイトは、子供が母親の愛情に対して疑問を感じない心理状態を指し、この状態は主として幼児期に発生する、と分析している。私は幼い時、虚弱児で、母親に抱きしめられながら育てられた。マザコンの萌芽はここで発生したのかもしれない。

　話を変えよう。空襲で家を失ったこと、父が負傷して病床に伏したこと、その結果17歳の若さで一家を支えなければならなくなり、働きに出

21

たこと、私は、これらすべてを事実として受け止めざるを得なかった。

　しかし、今、私は遅ればせながら、次のように考える。私は、母親に尽くしすぎた、余りにも素直であり過ぎたのではなかったか、と。給料袋はそっくりそのまま母に渡していた。戦後のような経済激変期に追い込まれたとき、母親が率先して女中奉公、どぶ掃除をして子供をかばい、その教育費を稼ぐ。このような例が当時いくらでもあった。私は母に盲従し過ぎたのではないか。なぜ、母親はこのようなタイプの女性であったか。前述したが、母は長崎の豪商の一人娘で育ち、東大法学部卒の父と結婚した。生活の苦労はまったくなかった。そして突然空襲による不幸が襲ってきた。さぞ心細く途方にくれたことと思う。しかし、ここが正念場であった。母は私におんぶに抱っこを求めてきた。そして私は母に盲従し過ぎたのではなかったか。このマザコンはいきなり学歴社会で固まった日銀に入り、学歴コンプレックスで苦闘することとなった。

●忘れられない出来事●

面接入社試験

　昭和22（1947）年3月末に行われた日銀入社試験に私は出かけた。入社試験は面接のみ、筆記試験はなかった。受験者は私ただ一人。後で聞いたが、試験はすでに終わっていたそうである。支店長さん、次長さん、課長さん4人、課長代理4人、計10名の方々に囲まれて30～40分、いろいろな角度から入念な質問にさらされた。ある面接官の方が質問した。「君は中学の成績は抜群だけど、どうして上の学校に進まなかったの？」。今から思えば、この質問には何も底意地悪いものはなかったはずである。しかし、最後まで進学を望み入社に抵抗してきた私にはぐっときた。心の中で「だれが好き好んで

こんなところに来るもんか。こいつをぶん殴ってやったらさぞすっとするんだが」と呟いた。しかし私は何も言えなかった。ただ下を向いて黙っていた。支店長さんが助け舟を出し、他の質問を出された。このシーンは今でも私の心の奥に深くこびりついている。

時代小史（昭和22年4月～25年3月）

〈主な社会の動き〉

- ポツダム宣言受諾、占領政策実施機関・GHQ、第一生命ビルを接収（昭和20・8・14）
- 天皇人間宣言（21・1・1）
- NHKラジオ番組「のど自慢素人音楽会」始まる（21・1・19）
- 全官公労組共闘委、ゼネスト宣言（22・1・18）
- 新教育基本法施行、国民学校制度廃止（22・4・1）
- 新憲法施行（22・5・3）
- 帝銀事件発生（23・1・26）
- 新制高校発足（23・4・1）
- 警視庁、110番設置（23・10・1）
- 極東国際裁判判決、東条英機ら7人のA級戦犯絞首刑（23・12・23）
- ドッジライン明示（24・3・7）
- 通商産業省発足（24・5・25）
- 三鷹駅無人電車暴走事件（24・7・15）
- 湯川秀樹、ノーベル物理学賞（24・11・3）
- 自由党結成（25・3・1）

〈世　相〉

- プライドの高い白衣の傷痍軍人が無言で街頭に並ぶ

- 痩せこけた子供たちが路面に座り込み、栄養失調の人々が闇市をうろつく
- 最初の婦人警官出現
- 墨塗り教科書、小学校で使われる
- 木炭、魚、米以外の食品価格統制撤廃
- 木炭タクシー走る
- パチンコ登場

第2章　選抜試験のいま昔

❀日銀入行希望者のタイプ

　以下は、総務人事局の友人から聞きだした話、並びに参考資料から拾い出したデータを基にまとめたものである。

　日銀就職案内を求める学生数は毎年約2万人、ただし、このうちには冷やかし組もかなりいるので、実際に受験する数は、総合職受験者だけで約1,000人であろうか。その他専門職、一般職の受験者数は、地方に散らばっているので正確にはわからない。

　総合職受験者は、どちらかと言えば学究肌の人が多く、天下国家を論じ政界で揉まれることは苦手というタイプが多い。日銀は学業成績よりは人柄を重視するが、受験生側は成績が大学でも1～2番を争う人たちが集まってくる。中には国家公務員Ⅰ種試験を1番で合格した、あるいは在学中に司法試験に合格したという超秀才も混じっている。そもそも金融界は給与水準が高く、安定した業種であり、日銀はその業界に君臨する立場にあり、しかも日銀は採用試験に筆記試験を行わない。学生の間で人気が高いのは当然であろう。

　中央官庁は国家公務員Ⅰ種試験合格を必須条件としているが、日銀にはこの資格制限はないので、学生側に好まれることも事実である。スポーツマンは、総じて明るくリーダーシップに富むので大いに歓迎されるが、本格的な選手はそれぞれプロ志向なのでなかなか受験してくれないそうだ。一見して「ずる賢い」タイプは敬遠される。無口でおっとりしているが骨のある、素直な印象を持つ学生が歓迎される。昔は、家柄、血筋などが重視されていたが、現在は、まったくその点は考慮されない

そうだ。

　女性は、良家の子女が多く受験してくる。京都には、今でも「京大生は下宿大歓迎」の気風があると伝えられている。いわゆる「学士様には娘をやろか」のたとえどおりで、日銀で腰掛的に勤務していれば、良い相手にめぐり合うチャンスが多いという考え方が彼女たちの親に根強い。帰国子女は語学力の点で歓迎される。女性キャリアについては項を改めて後述する。

❀日銀の行員採用制度

　昔は、学歴別に事務Ⅰ種、Ⅱ種、Ⅲ種と分けられていたが、平成4（1992）年度から総合職、専門職、一般職別となった。大雑把にいうと、総合職は大卒を対象とするいわゆるキャリア組の試験で本店で行われる。専門職は分野、勤務地を限定するノンキャリア組の試験で中央および地方で行われる。一般職は短大卒の女性を含む高卒者を対象とする試験で本店および支店を通じて行われる。

　書類審査の後に行われる入行試験は面接のみである。最初は係長クラス、次に調査役クラスが面接し、総務人事局の人事課長、次長、局長が面接し、順に絞り込んでいく。受験生の人間性があらゆる角度から徹底的に調べられる。

❀キャリア組、エリート組、地方採用者

　終戦直後は、出征行員の戦死者数を見込んでやや多めに採用されたようだ。ちなみに、平成7（1995）年の入行者は、総合職7人、専門職63人（うち、コンピューター等の専門職18人）、一般職120人であった。中央官庁の中枢と言われる大蔵（現財務省）、通産（現経済産業省）両省の国家公務員Ⅰ種採用者数に比べると、日銀の採用者数はやや多いと言わ

れている。

　いわゆる日銀のエリート集団はどうやって形づくられていくのか。次のファクターが大きく作用する。

①　同じ学校の先輩・後輩の関係
②　ボスを囲む勉強会
　　彼らはあるテーマを決めてよく勉強すると言われている。しかし、その裏面にはよいボスに頼りたいという意識が働いている。
③　銀行により公認された勉強会
　　人事部主催の英語勉強会への参加、あるいは外務省研修所派遣制度等への選抜が行われる。
④　同族意識
⑤　オミコシ・ワッショイ
　　ワッショイ気分により親分・子分の絆をつくっていく。
⑥　強力なリーダーの存在
　　誰がリーダーになるのか。ニューヨーク、ロンドン事務所等の海外事務所の経験者が集まり、総裁候補として人気のある駐在参事経験者をリーダーとするケースが好例である。ここでは戦国時代の武将と郎党との関係が生きている。

　大学卒業者を中心とする日銀のキャリア組、その中でも東大・京大卒を中心とする超エリート集団に属する行員（毎年７〜８人程度）は、どのようにして選ばれていくのか。日銀に限らず一般企業でも、人事については説明が少ない。人事の機微が外部に漏れるはずはない。日銀では、最初の役付きである係長職に就いたとき初めて自分の順番がわかるという。

❋一選抜

　人間が集まると、まず比較が始まる。誰が一番力が強いか。誰を首長にすべきか。誰が一番キレイか（ビューティコンテスト）。級長は誰にすべきか。最初の係長は誰かという類である。また、どの企業・団体にもいわゆる「人事雀」、「人事通」、「人事予想屋」、「人事好き」といわれる人が、ひそかなさえずり楽しんでいる。城山三郎氏の『官僚たちの夏』は、この「人事好き」を主人公にした傑作である。

　これから述べることは、あくまで日銀内の私の友人で「人事通」または「人事雀」を自称する人、あるいは日銀記者クラブのベテラン記者さんのさえずりである。まず「一選抜」という言葉が登場する。大正から戦中にかけて女子職員について用いられた「特待」と言う用語と同意義である。

　広辞苑には、「一選抜」という言葉はない。似た言葉を拾い出すと、次の二つがある。

　① 「選抜」…多くの中からよいものを選ぶ抜くこと
　② 「一線級」…第一線で仕事をする力を持っていること

　日銀内部でよく耳にする「一選抜」という言葉は、「全国選抜高校野球大会」とか「第一次選抜」とも若干ニュアンスが異なっている。日銀独特の言い回しか、あるいは官庁や企業でも同じ言葉を使っているのかはわからない。私が初めてこの言葉を耳にしたのは熊本支店入行後数年たった頃であった。当時、職員の最下位にある「書記」が一つ上のランクの「主事」に格上げになる、兵隊の位でで言えば二等兵、一等兵が、上等兵に昇格するのと似ている。ここで聞かされたのが「一選抜」という言葉であった。昇格基準はわからないが、算盤がうまく、明るくはきはきしており、声がよく（返事またはお札の読み上げなど）、動作が機

敏、などのファクターが選抜基準になっていたようだ。同期の中から一歩先んじて主事に任命された人が「一選抜」とよばれていた。以上は、あくまで兵隊の位についての話である。大卒のいわゆるエリート組にも当てはまるか否かはわからない。しかし、選別基準は異なるにせよ、似たような選抜方法（リーダーシップの有無）がとられていると考えても間違いではあるまい。

　大卒集団は、入行時に、出身校と学業成績、その他特殊の資格の有無（たとえば、国家公務員Ⅰ種や司法試験合格者）等で、まず50％がふるいにかけられる。3年後には、80％が超エリート候補グループから去り、10年後に海外事務所勤務発令でほぼ勝負がつくと伝えられている。海外勤務は1度だけでよい。「1度行かぬバカ、2度行くバカ」という言葉がある。2度行った人は「英語屋」、「国際畑に塩漬け」になると噂される。この海外事務所派遣制度がいつ始まったのか正確にはわからない。戦時中、昭和15（1940）年頃すでにドイツ、イタリア駐在が始まっていたが、これが最初なのであろうか。その後は、バンコック駐在事務所が唯一の海外事務所となっていた時代もあった。この海外派遣制度を当時の通産省のそれと対比してみると面白い。通産省では、次官の本命を目指すエリート組は海外勤務を敬遠する。彼らは課長クラスになる頃から、大臣官房（人事権をもつ）や企業局、重工業局など本省の中枢機能ばかりを渡り歩き、国内の外局に出るのも嫌がるそうだ。話を戻そう。最終選考に残ったエリート達が「超エリート集団」の一員として生き残り、さらに激烈な競争に入っていくことは言うまでもない。一方、後述するように、彼らは手厚く保護されて育てられていくのも事実である。

❈女性行員と女性キャリア

　日銀で初めて女子が採用されたのは明治21年（1888年）であった。以

来、日清、日露、日支と戦争ごとに採用人員は増え続け、太平洋戦争の末期には全職員の70％が女性であったと伝えられる。明治、大正、昭和初期の女性職員の地位・資格は極めて低く、厳しい男女差別制度が存在していた。女性は雇員（行員ではない）という地位で働き、朝の清掃、新聞配り、牛乳配り、札勘定が彼女らの仕事であった。男女格差が厳しく、女性行員の通用門は北口門のみ、給与体系も男性の最も低い水準以下に定められていた。このような差別形態は昭和22（1947）年の労働基準法の施行、労働基準法違反の疑いによる日銀への立ち入り検査とともに終止符が打たれた。

そして、戦後の明るい男女雇用体系が始まった。昭和20～30年代、日銀には、政官学界の大物や宮内庁の高官の子女が多く採用されていた。しかし、最近はその傾向は薄れており、普通の健全な中堅家庭の子女が採用されているようだ。

昭和50年代前半頃までは、日銀には「女性キャリア」という言葉はなかったと記憶している。総務人事局の友人によると、日銀が初めて正式に女性のキャリアを採用したのは昭和56（1981）年であった。私が外国局にいた頃、ミッドウエイ海戦の時の空母機動部隊第3艦隊長官であった南雲忠一海軍中将（後に大将）のお孫さん（東大卒）が外国局に配属されてきたことを覚えている。彼女は職場で、戦中の海軍、南雲中将の話がでるのをとても嫌がっておられた。

旧通商産業省が女性キャリアを採用し始めたのが昭和37（1962）年、旧大蔵省の採用は昭和40（1965）年である。私とフルブライト同期で昭和38（1963）年採用の佐藤ギン子さんは、労働省（現厚生労働省）のキャリア官僚であったと記憶している。

しかし、現在は、女性キャリアの方々が活躍されているようだ。平成22（2010）年7月、日銀にも女性初の支店長（高松支店）が誕生した由

である。彼女は、東大工学部出身、数字と英語と酒に強いと伝えられている。同氏のさらなるご活躍を祈りたい。

日銀において「わが道を進んだ人々」

　私は入行して３年後、本店外国為替局へ転勤となった。以下は、その当時の話である。昭和20年代当時は食糧事情のせいか肺を患う方が多かった。当時、銀行では１年に１度、産業医による健康診断があった。この検査にひっかかる人が多かった。肺病患者は、東京都多摩地区の清瀬市にある清瀬病院（隔離病棟、戦時中は野戦病院から送り返される負傷兵の看護施設として活躍した）送りとなる。「清瀬送り」、「清瀬帰り」とういう言葉がしばしば囁かれた。給料は入院時のまま据え置かれて支給され、強制的に入院となる。１年、２年入院をし、健康になれば職場に復帰する。しかし、その後の出世はまず望めない。これはたとえ東大卒でも例外はない。ただし定年まで勤務できる。

　一方日銀には、他の世界で名をはせた方も在籍されていた。たとえば、前衛俳壇の巨人、金子兜太氏もその一人である。戦時中部下が次々と死んでいくのを見て心境の変化を体験されたことが俳句の世界へ進むきっかけとなったそうだ。また日銀勤務の傍ら、「戦中派」の論客として活躍していた小説家の吉田満氏は、東大在学中学徒出陣で海軍へ入隊、昭和20（1945）年４月戦艦大和の副電測士として沖縄突入作戦に参加し生還した。終戦後日銀へ入行し、のちに日銀監事を務められた（著書に『戦艦大和ノ最期』『鎮魂戦艦大和』『提督伊藤整一の生涯』『戦中派の死生観』などがある）。

　さらに、一つの目的に向かってまっしぐら、周りから変人、奇人と言われることなどまったく意に介せず、ひたすら自分の道、たとえば、学者になるために終日博士論文書きに打ち込む方、暇さえあればキリスト

教の布教に熱心な方。同僚から「スネ者」、「ハグレ者」、「はみだし」として敬遠されている方。極めて優秀な行員とみなされていたが、組合運動にのめり込み、組合専従者になってしまった方。精神的に異常をきたし職場で時々奇声を発し同僚たちをドッキリさせる方。これらの方に対しても日銀は極めて包容力があった。

　刑事物を扱う警察小説やテレビドラマには、「一匹狼」、「スネ者」、「ハグレ者」、「はみだし」と呼ばれる刑事、出世はとっくに諦め、ひたすら捜査一筋に生き、上司の怒鳴り声を無視して単独行動を好み、結局は事件解決に貢献する刑事がよく登場する。日銀にはこのタイプの人が活躍する余地はないようである。

❇︎日銀における従業員組合活動

　戦後、労働者は国内の亀裂が広がるとともに力をつけ、戦前とは比較できない戦闘的な運動を繰り広げることができるようになった。

　日銀における組合はどのような動きを示したのか。残念ながら日銀内にはその記録はなかなか見つからない。ここにも日銀の隠蔽体質がうかがわれるのではあるまいか。以下の記述は主として「金融調査時報と金融労働運動の50年」（金融調査時報672号、銀行労働研究会）によるものである。日銀にも組合活動に熱心な人がいた。この主人公は、マージャンの巧みな打ち手でもあった。私はどれだけ彼から搾り取られたか、今でも懐かしさ半分、悔しさ半分の気持が残っている。

　日銀の組合は、昭和21（1946）年3月11日に発足した。当初は男子職員のみで構成されたが、4月9日に女子と労務職員の加入が認められ、翌年12月に「日本銀行従業員組合」と改称された。日銀の重役室は2階にある。磨きたてられた石造りの廊下に幅2メートル近い分厚い赤絨毯が敷き詰められ、廊下の壁にはズラリと歴代総裁の額が掲げられている。

夏でもヒヤリとした空気が漂っている。一般の職員はめったに2階には近寄らない。数年後、この廊下に労働歌と組合員の足音が響いた。給与改定を要求するいわゆる足音戦術であった。

❀エリートの挫折

　雲の上の出来事であり真偽のほどは不明である。マスコミに流れた例を二つあげておこう。

　平成10（1998）年3月、総裁最有力候補として出世街道を突っ走ってきたM営業局長の秘蔵っ子と目された営業局証券課長が、情報漏えい、過剰接待の容疑で逮捕された。日銀にいわゆる「ガサイレ」が初めて入り、マスコミの餌食となった。総裁、副総裁と営業局長とが引責辞任（週刊宝石1998年7月9日号）した。

　第2は、戦後の混乱時代、日銀氷川分館の出来事。この氷川分館は高級幹部によるGHQや政財界大物の接待施設として使用されていた。いかめしい門構えと高い塀により飢餓に苦しむ外部から遮断され、夜な夜な高級車が出入りしていたという。勿論一般職員による利用は禁止されていた。この施設に米どころ新潟支店から現送（第1章「現送」の項参照）のお札と偽って白米が定期的に送り込まれていた。ある日、急カーブした現送トラックからむしろ包みの荒木箱が転落、蓋が壊れて、お札の代わりにお米が散乱する事件が発生した。護衛警官が激怒し現送員を逮捕した。この現送員は東大卒のエリート行員であった。事件はうやむやのうちにもみ消され、時の流れとともに忘れ去られていったが、この不幸な行員は、すべての責任を押し付けられた形で、その後極寒の僻地の支店に転勤となり、そのまま塩漬けとなった（城山三郎『小説日本銀行』）。この話の真偽は、今となっては確かめようがない。しかし私の現送の経験からみて、実在した話か否かは五分五分のような気がする。

33

日銀の不祥事件

法王庁と揶揄される日銀も人の集まりで成り立っているので当然不祥事も発生する。主な不祥事をいくつか示しておこう。

① 平成10（1998）年、営業局証券課長の情報漏えい・接待事件。総裁、副総裁と営業局長とが辞任
② 26歳の行員が女子職員の下半身を盗撮して逮捕
③ 京都支店幹部のセクハラ事件
④ 前橋支店行員による新紙幣のすり替え事件（希少価値のあるぞろ目の新紙幣を普通の旧紙幣と交換）
⑤ 松江支店から秘密情報がネット流出
⑥ エリート行員と女子行員との恋愛、女子行員自殺事件

超エリートの出世街道

最後に、参考までにエリートコースをまっしぐらに駆け抜けた3人の方々の略歴を示しておこう。一人は日銀の典型的な出世コースを歩いたと目される第26代三重野康総裁、もうお一方は、海外金融界に人脈を築き上げた国際派の第24代前川春雄総裁、そして日銀きっての国際派と称されたA理事である。

・三重野康総裁

　　　ニューヨーク駐在参事付き ──▶ 外国為替局総務係長 ──▶ 外国局調査役 ──▶ 外国局業務課長 ──▶ 総務部企画課長 ──▶ 松本支店長※ ──▶ 考査局考査役 ──▶ 人事部次長 ──▶ 総務部長 ──▶ 営業局長 ──▶ 理事 ──▶ 大阪支店長委嘱・理事 ──▶ 副総裁 ──▶ 総裁

　　　※超エリート組の中堅時代の支店長選択地について一言。地域の規模はあまり大きくなく経済が安定し、接待の誘惑が少なく、

県民の気分が安定している支店が選ばれる。支店長在任中その履歴に傷がつかないよう配慮されているそうだ。

・前川春雄総裁

ベルリン、ローマ駐在※──▶政策委員会庶務部長──▶外国為替局次長──▶ニューヨーク駐在参事──▶外国為替局長──▶日本輸出入銀行副総裁──▶副総裁──▶総裁

※戦時中、ドイツ・イタリア枢軸国に海外事務所を開設。初代駐在員。

・A理事（自ら進んで国際専門の道を選ばれた）

日本屈指の国際派セントラルバンカー、前川総裁の基盤を受け継ぐ。昭和25（1950）年東大法卒、日銀入行──▶1954年フルブライト留学──▶1962年ロンドン駐在参事付き──▶1965年宇佐美総裁の通訳、前川総裁との名コンビスタート──▶1971年岡山支店長──▶1974年外国局次長──▶1975年ニューヨーク駐在参事──▶1979年外国局長──▶1981年理事※──▶1986年日本開発銀行副総裁

※英語の肩書きは"Deputy Governor for International Relations"（総裁が、「国際関係を統括する副総裁」と名乗るよう指示されていた）である。

なお、同氏は「外国局では、係員、係長、調査役、課長、次長、外事審議役、局長、担当理事と『一気通貫』を担当した」と自称されている。

❋本章の結び

エリートという単語は、フランス語の"elite"（選抜する）からきている。学歴社会で固められた日本銀行では、「選抜」はどのようにして進められていくのか。軍隊では、最初から、兵隊と下士官、将校、エリート将校というコースが決められているが、日銀には階級章がないので

外からは区別がつかない。

　誰が選ぶのか。戦国時代、織田信長は部下の働きを直接見て武将に取り立てていった。現在は、信長のような独裁社長が君臨する企業はあるにはあろうが、数は少ない。人事部が選ぶのか。日銀では、選ぶ人は人事部ではない。NY あるいは London グループのようなエリート集団がまず選び出し、それをグループのリーダーが決め、人事部がこれを組織化していく、と私は考えている。決めるといっても、旧軍隊のエリート将校養成コース（陸士、海兵──→陸軍大学、海軍大学、参謀本部付き）のように誰でも納得いく方法ではない。人目に見えないところで「選ばれていく」エリートは、自分が努力して名乗り出るのではなく、周りの先輩・後輩達が自然と選び出す。

　話は変わる。女性キャリアについて一言。日銀で一番近代化したのは、女性の進出ではなかろうか。彼女たちの今後の躍進を祈りたい。

●忘れられない出来事●

ブラオタハイア・スクフール

　いかに天才と言えども、このかな文字を解く人はおるまい。暗号ではない。私の中学時代の英単語の spelling の覚え方である。Brother と school を意味する。私の英語の勉強は、戦時下、中学３年生までは太陽の光の下、それ以後はローソクと裸電球の下で始まった。中学の英語はもっぱら reading のみ、敵国語の発音はめちゃくちゃであった。私の英語の独学は日銀入行後本格化した。読むための英語、それにはどれだけ単語を知っているかが勝負であった。コンサイスの１ページを覚えるごとにそのページを食べることと決めていた。この紙食いの習慣は、本店転勤後正式に教師につい

❀本章の結び

て英語を学ぶ日まで続いた。語学の勉強は耳からと言われている。私の目からの独学の方法と、幼稚園児が白人のおねえさんと遊びながら英会話を学ぶ今日の平和との違いを嚙み締めている。

第3章　日本銀行の体質

❀エリートの育て方

　日銀の体質についてふれてみたい。ここでいう体質とは、組織・団体などに深く染み込んだ気質と考えていただきたい。日銀の職員数は前述したとおり約5,000人である。これらの人たちのすべての体質・気質を調べる術はない。やはり、日銀を代表する超エリート集団（毎年日銀に入行する大卒者は約80〜90名程度、そのうち超エリートと目されるのは約10名程度）の性質がまず考察の対象となろう。どうやって調べるか。『小説日本銀行』をはじめとする参考文献10数冊の中から、または週刊誌から、あるいは新聞報道からの情報を集めるやり方に頼るしかない。これらエリート集団は、入行後数カ月間は研修などで本店勤務、2年目から約2年間の支店勤務につく。真綿でくるむ、おんぶに抱っこの育て方がここから始まる。この支店勤務の終わりの時点でエリート集団の8割前後の勝負がついてしまうと伝えられている。

　日銀の頭脳には大きく分けて2つのグループがあると言われている。一つは金融行政を担う企画局、営業局、考査局グループ、二つ目は企画立案の基礎づくりを担当する調査統計局や金融研究所のグループである。これら二つのグループは要するに頭脳が中心の仕事である。実務、現業の仕事にはほとんど関係がない。超一流大学を卒業し、国家公務員試験の成績が1番とか2番とかいわれる頭のよい超エリート組が、これら二つのグループを行ったり来たりして出世していく。現場からのたたき上げはこの頭脳集団には向かないし、また集団内部の連中自身が競争に忙しく、わざわざ外から気質の異なる競争相手をさらに迎え入れる余地は

ない。警視庁では、現場をはいずり回ったたたき上げの警視もしくは警視正が活躍している。日銀と警察との大きな違いであろう。

海外事務所勤務

前述したように日銀には、「1度行かぬ馬鹿、2度行く馬鹿」という言い伝えがあった、海外駐在事務所への転勤である。エリート組は海外事務所、特にニューヨークもしくはロンドンへの「海外駐在参事付き」のポストを熱望する。赴任先の言語はわからなくてもよい。現地で勉強すればよい。任地先ではこれといった仕事はしなくてよい。新聞を読みその内容をFAXすれば可（すなわち、何か特定の仕事をするとリスクが伴うので、何もしないほうがベター）、見聞は広がる、飯の食べ方や芝居・音楽に造詣が深くなる、という理屈である。海外事務所に行けば、理事までの切符を手にしたことを自他共に認めることになる。仕事はしないが「はく」がつく。2度（以上）行くと、いわゆる「国際派」、「英語屋」というレッテルがつけられてしまう。当時のこのような考え方は、まことに不思議な思考回路と思われるが、当時の日銀では至極当たり前のこととして通っていた。最終的な出世コースはあくまでも国内中心である。ここにもいわゆる島国根性がうかがえる。

職員の海外留学

昭和20年代～30年代の日本銀行の人事部には、海外留学については官公庁や大手企業と異なり、積極的に若手の語学教育・留学に熱を入れる国際化の方針はうかがえなかった。当時、公費で海外留学できる制度としては、フルブライト全額支給生試験に合格する以外に手はなかった。競争率は天文学的な数字であった。日銀に集まる秀才たちにこの制度を積極的に勧めるアイディアは銀行内部にはなかった。若手行員が自らこ

の制度の存在に気がつき、自らの努力で合格すれば、しぶしぶ「行っておいで」と認めてくれるにとどまる姿勢であった。留学期間の延長などとんでもないことであった。私自身、留学先の担当教授から「エール大学博士コースの奨学資金がもらえるように取り計らってやるが、どうするか」と言われたことがあった。天にも昇る気持で人事部に留学期間延長のお伺いを立てたが、返事は「認めない。１年経ったら帰国せよ。戻ってこないときはクビ」という冷たいお達しであった。迷ったが、社宅住まいの家族を養わなければならない。人質を日本に残してきている。断腸の思いでオファーを諦めた。当時、国際化を急がねばならない日銀が、若手の海外留学を奨励しなかったことは人事政策上誤りであったのではなかろうか。

　当時の日銀のあまり積極的とはいえない語学奨励制度をまとめてみると次のとおりとなる（いずれも長続きせず、尻つぼみで消えていった）。

① 　人事部主催で、朝昼晩「時間外手当」を支給して英語の講習会を開く。

② 　外務省研修所へ若手10名程度を派遣する（６カ月）。２回で終了。

③ 　フルブライト全額支給試験については自分の責任で受験し、合格した者に対しては１年間のみの留学を認める。ただし、「銀行に３年間勤めて仕事をきちんとしていなければ帰国後再雇用しない」とのスタンスであった。

④ 　若手行員を海外に実務研修に派遣する（初回は佐藤達雄氏、昭和44（1969）年、期間10カ月、ロンドン、語学学校を経て英国中央銀行、バークレイ銀行で研修、その後パリとフランクフルトの市場見学等。昭和45（1970）年、２回目は田中宏司氏、ミシガン州立大学、CMB銀行等で研修。なお、同氏は日銀退職後、企業コンプライアンスの研究で注目をあび、幾多の公職に就き、教育界等で活路され

ている。両氏とも筆者の日銀時代の畏友である）。

当時は次第に国際化の波が強くなってきたので、帰国海外経験者はそれなりに重宝されていたようだ。

🌸 日銀のあだ名

最後に、マスコミ等の情報から集めた日銀の体質についての観測を以下にまとめておこう。残念ながらあまり芳しい褒め言葉は見つからない。

① 法王庁（日銀自体の建物の外観を含む）
② お公家さん
③ 沈黙の聖域
④ 隠蔽体質
⑤ 古臭い体質
⑥ 学閥、血筋、毛並みを偏重する差別体質
⑦ 徹底的な学歴社会
⑧ ファシズム体質
⑨ スキャンダルを極端に嫌う体質
⑩ がちがちに固まった、弾力性に欠ける体質
⑪ 一貫性を欠く体質
⑫ 鎮守の杜
⑬ 世間から超然とした体質
⑭ 万年心配性
⑮ バリバリの官僚組織
⑯ 面子にこだわる体質
⑰ 政府の圧力に弱い体質
⑱ 上意下達のヘイヘイ体質
⑲ 枠に決められた順送り人事しかできないところ

⑳　日本最大のシンクタンク

㉑　意外性を嫌う体質

㉒　ことなかれの体質

❀本章の結び

　日銀のエリートは、大切に育てられ、海外事務所を経験し、いずれは、企画局、営業局、国際局、考査局、調査統計局等の重要ポストに就いていく。そしてその中から、参与、理事、監事、副総裁、総裁が誕生する。

　ところで、このような方々の語学力はどうか。極めて失礼な詮索であり、日銀からお叱りをいただくことを怖れるが、あえて考えてみたい。現在は、英、仏、独、中国語を自由に操られる方々が多いと信じているが、私の入行時は終戦直後のことでもあり、英語をしゃべる人はほとんどいなかった。

　日銀は、終戦後の急激な時代的要求から、いろいろな英語学習コースを設けてくれた。私は運がいい。上司に恵まれ、これらの英語勉強会、外務省研修所派遣制度、留学制度等をフルに活用できた。この時期が、私のその後のささやかな働きの基礎となった、と感謝している。

●忘れられない出来事●

マージャン

　マージャンが初めて日本にもたらされたのは明治42（1909）年、当時、中国の四川省で英語を教えていた名川彦作という方が持ち帰ったのが始まりと言われている。昭和初期、第１次マージャンブームが始まり、その激しさに昭和８年官憲の取り締まりが行われた。戦後のマージャンブーム（いわゆる第２次ブーム）は昭和50年ごろ

◉本章の結び

から始まった。人々がようやく戦後の混乱から立ち直った時期だ。「人と博打との結びつき」はなかなか面白く調べる価値がありそうだ。さて、本題に戻ろう。日銀内部でもマージャンは盛んに行われ、行内の銀行公認マージャン大会で皆が腕を競い合ったことを覚えている。ほどなく、いわゆるインフレマージャンが始まった。ドラというものが導入され、「リーチ、すぐ、つも、ドラ、ドラ、デン、デン。はいマンガン」という叫び声がよく耳に入った。

　私が働く職場でも、夕方になると仲間の目配せが始まる。中には指を立てて合図し合う組も出てくる。当時、日銀本店から国鉄神田駅までの一本道は「日銀通り」と呼ばれていた。ここには飲み屋とマージャン屋とがひしめき合って並んでいた。6時ごろから終電までがマージャン族の天国であった。マージャンを打ちながらラーメンをすする。これが当時のサリーマンの最大の楽しみであったのではなかろうか。仕事そっちのけでマージャンにのめり込む輩も多くみられた。彼らは別世界に住み、その打ち方はいわゆるプロの賭けマージャンに近く、私どもの賭け方とは一桁、二桁違っていた。

　私も、ときどき誘われて遊んだが、1カ月間を通じ累計で勝つことはまずなかった。給料日には、トンボ眼鏡のK氏が大きな表をもってやって来て、「はい、○○円」と言っては集金して回る姿を今でも覚えている。K氏は、ニューヨークのCLS銀行と同じ機能を果たしたいわけである。

　　　　※CLS銀行とは、1974年に発生したヘルシュタット銀行事件を契機として、世界主要国の大手銀行が1997年に設立した国際決済業務に特化した銀行。為替取引の決済を連続的に決済する特殊な仕組みをもつ。

43

第4章　本店外国為替局 （昭和25年3月～35年4月）

❀本店へ転勤

　昭和25（1950）年3月、私は日銀勤務37年間のほとんどを通じ塩付けとなる本店外国為替局へ転勤を命ぜられた。外国為替局は、外国為替・貿易管理法の施行に伴い、同年6月にその機能の一部が独立して為替管理局となった。その結果、職員が大幅に不足、若手が召集されたわけである。為替管理局は、大蔵省、通商産業省の許認可権限の行政機関窓口となり、レッセフェアリズムの息の根はここではまったく止められていた。

　　※昭和12（1937）年11月外国為替局開設、17年5月外国局と改称、24年4月外国為替局と改称、25年6月機能の一部を移管し為替管理局を開設、37年5月為替管理局を合併、38年2月渉外部を合併し、外国局と改称、平成2年5月28日国際局と改称

　当時、GHQは、日銀外国為替局に外貨経理事務を取り扱わせる意向であったが、大蔵省がこれに反対、結局自省が引き受け、その実務機関として九段分館が設置され、ここに日銀の外国為替局の経理課および総務課の一部を移転して外貨管理業務を担当させた。

❀調査係

　外国為替局では調査係に配属された。何も知らない田舎ッぺがいきなり終戦直後の米国を中心とした国際的な動きの真っただ中に巻き込まれたわけである。カッパが怒涛渦巻く大海原に放り込まれたようなものであった。何を見ても、何を聞いてもわからないことばかり。持ち前の好

奇心が俄然頭をもたげてきた。調査係の仕事は、日銀を取り囲む海外の動きを片っ端から調べて、調べた成果を報告することであった。資料はほとんどが英語で書かれていた。

　上司は報告の中身を読んで満足すると、報告文をタイプに回し、これを局長まで回覧してくれる。「局長回覧」の赤いハンコが押されるとにかく嬉しかった。IMF、IBRD、GATT、BIS、FRB。今でも私の書棚にはこれらの小冊子が残っている。資料の一部に「Japan Times」があった。私は毎日、そのフロント頁を隅から隅まで読み尽くし、わからない単語を辞書で調べ、単語帳を作るのを日課とした。

❁当時の日銀の英語に対するスタンス

　ここで今一度、当時の日銀の語学（当時は主として英語）の勉強に対するスタンスについて振り返ってみよう。終戦直後は、日銀は若手の英語研修にはあまり積極的ではなかったと言われている。しかし、時代の流れはこのようなスタンスを許さなかった。そのような情勢の下、時代の要求をいち早く汲み取って英語の勉強をご自分でも始め、人事部に対し何らかの奨励策を講じるべきであると働きかけた方に星野大造氏（当時、渉外部の調査役、後日理事）がおられた。銀行は氏の根気強い説得に動かされた形で、まず行内に人事部主催の英語勉強会を開催し、次いで外務省研修所への若手行員派遣制度を導入、フルブライト全額給付試験の合格者の渡米を認め、次いで、海外実務習得派遣制度を実施した。銀行によるこの後押しがどれだけ若手行員の士気を奮い立たせたか。勿論私にとっても千載一遇のチャンス到来であった。それまで一人でコツコツとやってきた英語の独学が、おおっぴらに認められたわけである。

　人事部主催の英語勉強会は、朝、昼、晩、3回に分けて開催され、資格なし、出席自由、しかも朝と晩の勉強には「時間外手当」が支払われ

た。お金をもらって勉強できる。まさに日銀ならではの勉強会であった。講師は主として外務省研修所教官のＹ氏（故人）並びにアメリカ大使館の若手外交官であった。この制度の創始者、星野大造氏も私の横の席でノートを取られていた。さらに氏は、外務省と交渉して運営費日銀持ちで外務省研修所に日銀出身者だけ（10名、皆さんすべて東大・京大卒。ここで私は「勇敢なる水兵」と呼ばれていた）の英語クラスを作ってくださった。昭和27（1952）年から半年間、私はこの10名の中に入れてもらえた。ローマ法王への謁見式の儀礼で床に膝まづくやり方まで実習させられた。外務省研修所（昭和21年開設された職員の語学研修所。入省直後の４カ月間、新人はここで研修を受ける。現在は英語をはじめとする７カ国語の研修が行われていると聞く）は当時文京区大塚にあった（その後、相模原市大野に移転）。外務省も人材育成にかけては極めてユニークな役所であるようだ。将棋棋士として有名な木村義男氏も、若い頃は非常勤の給仕として働いておられた。また、給仕からリベリア国特命全権大使になった吉川秀雄氏（故人）は、私の義弟である。

❀恩人との出会い

　忘れられない幸せが私に訪れた。当時外国為替局総務係勤務のＡ氏が、私を毎週土曜日の午後家庭で行われる勉強会に誘ってくださった。外務省研修所の講師Ｙ氏（故人）をチュターとして招き、数時間英語の勉強をする会に「一緒にやらないか」とのお誘いをいただいた。Ａ邸通いが始まった。Ｙ氏は、旧約聖書の解説からとりかかった。英語を話す国民のバックボーンを理解するためには聖書の理解が一番だという氏の持論に沿った講義であった。勿論３人ともキリスト教信者ではない。ご母堂は優しい方であった。おやつに当時珍しい和菓子に濃い緑茶、手作りの夕食を私は感謝しながらパクパクいただいた。

A氏は家庭的にも恵まれ、その国際的な才能をすくすくと伸ばしていかれた。昭和26（1951）年、わが国において米国のフルブライト試験制度が発表された。氏はいち早くこの情報をつかみ、私にも伝え受験された。氏は一発で合格、私は勿論落ちた。氏は米国の名門フレチャースクール法律外交大学院に入校された。私は2回受験し、2回とも落ちた。

❀米国大使館スミス参事官からの便り

　落第通知を受けて数日後、しょげている私に米国大使館のスミス参事官という方からお手紙をいただいた。「話がしたい。大使館まで来るように」という極めて簡単な文面であった。まったく検討がつかないまま私は恐る恐る大使館の門をくぐった。参事官は「君の生い立ちと努力はよくわかった。英語力は2回の受験を通じ問題はない。ただ、君には大学卒業の資格がない。今からでも遅くはない。正式な資格を取ってからもう1度受けるように」と懇々と諭された。私は深く頭を下げ、大使館を辞去し、その後、御茶ノ水にある中央大学夜間部へ入学、昭和33年に私は第二法学部を卒業した。

　在学中の4年間、私は初めて法曹界の存在を知り、その奥の深さに圧倒された。司法試験に挑戦し、法曹界に転進しようか、と随分迷った時期もあったが、結局フルブライト留学を選んだ。

❀本章の結び

　この期間、私は三つの喜びを味わい、そして四つの幸運に恵まれた。喜びの一つ、本店に転勤となり、当初は高円寺の独身寮にいたが、家族持ち（母親と姉弟）という理由で武蔵境の一軒家を使用することができた。6畳、4畳半2間の家。雨漏り、破れ障子、壁の割れ目から寒風が吹き込むボロ屋であったが、御殿であった。荒木箱を叩き割り自分の風

呂に入る喜び、一歩一歩どん底から這い上がることができた。喜びの二つは、国際社会を知る喜びであった。調査係に配属されて、ただただ新しい世界の翻訳に没頭した。三つ目は大学での勉強の喜びであった。

　幸運の一つは、東京への転勤であった。当時、外国為替局は時代の要請で絶対的な兵隊不足、そこにたまたま英語に夢中になっていた小生が結びついた。昭和25（1950）年の転勤では熊本からは私がただ1人の転勤者であった。二つ目は、調査係への配属。夜中まで勉強していても誰も叱る人はいない。逆によくやると褒められた。外国為替局や新設の為替管理局には新しい係が沢山あった。転勤者のほとんどは「実務only」の係に配属された。調査係は勉強できる場であった。最大の幸運は、2歳年上のＡ氏と当時渉外部調査役であった星野大造氏（後に理事）との出会いであった。これらお2人との出会いがなければ、私の英語の独学は行き詰ってしまったと思われる。最後四つ目の幸運は、米国大使館のスミス参事官との出会いであった。この方の助言がなければ私のフルブライトへの道は開かれなかったであろう。幸運の波に乗り、夢中で勉強できた10年間であった。昭和32年10月12日、私は結婚をした。妻は難しい母に仕え、子を育て、夜中に帰宅する小生の食事の世話をしてくれた。彼女の陰のサポートがなければ、今日の私はなかった。今、老妻は力尽き小生の横に座っている。私は心の中で手を合わせている。

●忘れられない出来事(1)●

中大夜間部の体育

　4年間の課程で、1年生の時は体育の時間があり、必修科目とされていた。成績は、1時間の体操が終わった後で教師が押印する出欠簿で決まる仕組みであった。冬、寒風が吹きすさぶ真っ暗なビル

の屋上で、シャツ一枚になって体操するのはなかなか辛かった。年齢的にいって、私は同級生とは5歳前後年をとっていた。私は持ち前の負けん気と意地から「絶対休むまい」と決心、幸い、風邪も引かずに、この決心を貫くことができた。皆出席、満点であった。最後の時間、先生は呆れたような顔で「よくやった」と褒めてくださった。私はニヤッと笑って深くお辞儀をした。

●忘れられない出来事(2)●

酷鉄痛勤電車

　昭和25（1950）年、上京してまず驚いたのは朝夕のラッシュアワーの凄さだった。駅における人の波また波。電車が来る、乗らなければ遅刻する。しかし乗れない。降りる人はおらず、ただ乗ろうともがく人の波である。扉がぎしぎしと開き、そこに皆が殺到する。整列乗車などなにもなく、ホームにあふれかえる人々がドット扉に押し寄せ、乗りたい人は車内の人の塊りに突っ込んでいく。悲鳴と怒号があがる。酷電（国電）痛勤（通勤）電車とやゆされた所以であった。この状況は、スシ詰電車。痴漢やスリ、電車の横ぶれが脱線事故を呼び、さらに、すでに乗っている人が強制的に引き剝がされる（降ろされる）悲劇（？）まで招いた。婦人専用車は戦後昭和22年5月に登場したがその歴史は古い。明治45（1912）年にすでに誕生したそうだ。乗りそこなった男が悔し紛れに婦人専用車に突っ込み押し出されるシーンも数多くみられた。

■■■■■■■■■■時代小史（昭和25年3月～35年4月）■■■■■■■■■

〈主な社会の動き〉

・警視庁、モンタージュ写真スタート（25・6・1）

・朝鮮戦争勃発（25・6・25）

・GHQ、警察予備隊創設指令（25・7・8）

・第1回NHK紅白歌合戦（26・1・3）

・マッカーサー罷免（26・4・11）

・ユネスコ正式加盟（26・6・21）

・サンフランシスコ講和条約会議開催（26・9・4）

・大山郁夫、スターリン平和賞受賞（26・12・21）

・対日講和条約・日米安保条約発効、GHQ廃止（27・4・28）

・血のメーデー（27・5・1）

・警官500人早大突入（27・5・9）

・羽田空港業務開始（27・7・1）

・NHKテレビ放送開始（28・2・1）

・赤い公衆電話街頭設置（28・6・4）

・経済企画庁発足（29・7・20）

・国産ロケット第1号発射成功（32・9・20）

・日本、国連安保理非常任理事国になる（32・10・1）

・皇太子殿下、正田美智子様御成婚（34・4・10）

・国民年金法公布（34・4・16）

・ソ連、「ルナ2号」月面着陸成功（34・9・14）

・政府、貿易為替自由化の基本方針決定（35・1・12）

〈世　相〉

・スクーター流行

・街頭テレビ人気

50

- スーパーマーケット台頭、次第に広がる
- 週刊誌ブーム始まる
- 水俣病、社会問題化
- かみなり族横行
- 大学生合同ハイキング流行──→合コン

第5章　名古屋支店へ転勤、フルブライト留学
(昭和35年4月〜39年7月)

❋名古屋支店へ転勤

　昭和35(1960)年4月、私は名古屋支店勤務を命ぜられた。当時は、米ドル機軸通貨制度が揺らぐ兆候が散見されていたが、国際金融制度はまずは平穏に推移していた。

　名古屋支店では営業課外国為替係に配属された。仕事の内容は、どちらかといえば為替管理局関係の仕事が多かった。

❋ガリオア・エロア留学制度

　第2次世界大戦終結後、米国は欧州諸国の救済・復興を目的として、マーシャルプラン(1948年対外援助法により裏づけ)を発動し、無償贈与を中心に総額100億ドル超の援助を提供するとともに、同計画の極東版としてガリオア(GARIOA=Government and Relief in Occupied Areas)・エロア(EROA=Economic Rehabilitation in Occupied Areas)と称する占領地域の統治・救済援助計画を実行した。総額18億ドル(現在の通貨価値に換算すると約12兆円)、日本向けには昭和23(1948)年6月スタートし約6年間続いた。

　この援助は、日本の社会情勢が次第に落ち着いてくると、教育の分野にまで広がっていった。これがガリオア・エロアと一般に呼ばれる戦後初の対米留学制度である。日本からは昭和23(1948)年から平成7(1995)年の間に約6,000名が渡米したと記録されている。

❈フルブライト留学制度

　昭和21（1946）年、米国上院議員 J. William Fulbright は、「世界平和を実現するためには人と人との交流が最も有効である」との信念に基づき、アメリカの学者、教育者、大学院学生、研究者、各種専門家を対象にして、これらの人々を世界各国の学生、研究者等と交流させる計画を立案し実行に移した。これが、国際的に有名な人物交換プログラム・奨学金制度（Fellowships and Scholarships Plan）となり、フルブライト留学制度と称されることとなった。日本では、1951年、日米両国政府が「人物交流計画に関する覚書」に調印、翌年、米国政府が在日合衆国教育委員会を設立し、ガリオア・エロア留学制度を継承する形で発足した。最初の留学計画の発表、応募者の呼びかけは1951年に行われ、翌52年、第1期留学生が渡米した。現在までにこの制度を利用した留学生数は約6,300人と伝えられる。

　この制度は次のとおり二つの計画から成り立っていた。

① 全額支給制度

　渡航費、大学院の学費一切、食費、下宿代、要するに留学関係費用丸抱えの制度である。飢餓状態から脱したとはいえまだまだ乏しい食事を強いられていた日本から豊かな食生活を誇るアメリカに行ける、まさに夢のような制度であった。学生たちの人気は高く、競争倍率は400倍と噂されていた。

② 渡航費オンリーの援助制度

　米国での生活費、学費等はすべて自前、すなわち生活費、scholarship, fellowship はすべて自分で賄い、往復渡航費のみを援助してもらう制度である。多数の大学院の学生、助教授クラスの方々がこの制度を利用されたそうである。

❋ フルブライト合格

中大を卒業してから2年がたっていた。顔をしかめ返事を渋る外国為替係の老係長に、私は何度もフルブライト受験の許可を願い出た。転勤してからすぐ、「西も東もわからないうちに受験願いとは何事か」という老係長のお気持を押し切った形となった。3度目の正直、私は昭和37（1962）年に合格した。初めて受験してから10年の歳月が流れていた。

❋ フルブライト渡米

配属先は、国際関係論に強く、実務主義で、国務省などの官僚が多く通学しているWashington D.C.の「Amercan University, School of International Service」と決まった。昭和38年7月、ボーイング707は羽田を離陸した。同じ飛行機に労働省のキャリアウーマン佐藤ギン子氏（後にケニア特命全権大使、証券取引等監視委員会委員）やピアニストの弘中孝氏も乗っておられた。弘中氏は合格者中の最年少、私を「オッチャン、オッチャン」呼び、私を通訳代わりにしておられた。いつも当時はまだ珍しい破れたジーパンをはき、はだしで飛び回っておられたが、ある日、研修先のArizona Universityのキャンパスにおいて催された学園祭において、正装で舞台に現れ、聴衆を魅了されたシーンが今でも瞼に残っている（67頁の「忘れられない出来事」を参照）。

❋ Arizona Universityでの研修

留学生一行は、サンフランシスコ経由でアリゾナ州のツーソンにあるArizona Universityのキャンパスに送り込まれた。見渡す限り荒涼たる砂漠に一筋突き抜ける国道をジープ数台が時速100キロで数時間突っ走る自動車の旅であった。キャンパスは一般の人にも開放されていたが、

夏休みの故か、人影は少なかった。ツーソンは、ワイアット・アープを頭とする保安官たちとクラントン兄弟を中心とするカウボーイたちとが撃ち合った「OK牧場の決闘」(ヘンリーフォンダ主演で映画化され大ヒットをした)で知られるトゥームストーン(アリゾナ州南東部の丘陵地帯、現在はゴーストタウン化している)に近く、観光地と保養地として有名な小都市であった。私が訪れた時は小都市に過ぎなかったが、現在はハイテク産業の一大拠点となっており、カリフォルニアからの企業流入が続いていると伝えられる。

　約1カ月間の研修は楽しかった。3度3度の食事はすべて大食堂でのビュッフェスタイル、ずらりと並んだ大皿にこぼれんばかりに盛られた色彩鮮やかなご馳走、牛乳、オレンジジュースなどの飲み物、飢餓時代を過ごした私どもにはまぶしかった。戦争に負けた理由をつくづく実感した。韓国から来た学生は1カ月間でみるみる太っていった。「おい、あんまり食べるなよ」とお互いに牽制し合ったこともあった。英会話力に磨きをかけ、米国の簡単な地理・歴史を学び、近くの名所を観光するうちに、1カ月はあっという間に過ぎ去った。そして、配属先への1人旅が始まった。

❀Washington D.C., American University

　学務課で無事到着を報告、必要な登録手続を終え、次に取りかかねばならなかったのが、ねぐら探しであった。学務課はのんびりしており、「まだ担当官が夏休み中だ、自分で探せ」と1枚の簡単な地図を渡してくれた。何もわからない、尋ねようにも人影がない。シーンと静まりかえるワシントンの高級住宅地域。途方にくれてトボトボと歩いていると、すぐ近くに住んでいるという老婦人から声をかけられた。婦人は大学の学生に部屋を貸していると言った。神様に会ったような気持で彼女の後

についていった。立派な邸宅であった。

　「未亡人になって学生相手に部屋を提供している。昔、日本人と付き合いがあった」といろいろ話してくれた。部屋代は１カ月10ドルと告げられたとき、ちょっと高いと思ったが、今夜どこで眠ろうかと困っていた私には値切る余裕はなかった。２階の部屋は並木道を見渡すことができ、私にとって御殿のような部屋であった。食事は外食。２カ月ぐらいたった時、フルブライト学生の世話をする担当者の訪問を受けた。家賃と食事のことを聞き、彼は顔色を変えた。「高い、お前の奨学金では高すぎる。すぐここを出ろ」と言われ、やっと落ち着いた部屋の中でまた荷作りをした。

　私は当時旅行鞄・トランクを買う余裕がなく、名古屋で知り合いの大工に頼み、細長い木箱を作ってもらい、これに一切の荷物を詰めてきた。羽田税関でもサンフランシスコ税関でも、この木箱がまかり通った。サンフランシスコの入国検査官は私の旅券と査証を見て、ニヤッと笑って手を振った。この担当者は、この木箱を見て、"Oh, Just like a coffin"（棺桶のようだ）とつぶやいたが、木箱の片方を持ってくれ、自動車までエッサエッサと運んでくれた。

　担当者が案内してくれた所は大学の近くにある学生用寄宿舎。朝、夜の食事付きで月８ドル。食事は粗末だと言っても私にはご馳走であった。ここで私は約10カ月間暮らすこととなった。

❀修士号取得に挑戦

　私は、修士号筆記試験に対して一つの作戦を立てた。ビブリオグラフィー（bibliography、参照文献のリスト）をまず書く、次いで回答文章の作成にかかる。冒頭、「自分はアメリカに来てまだ１年しかたっていない。アメリカの学生に比べるとどうしても筆記のスピードが遅い。し

たがって、与えられた3時間以内に回答文を全文最後まで書くことは難しい。そこで書きたいことを目次にしてまず書く。それから、初めから書き出す。時間切れで尻切れトンボになっても全体の構図はおわかりいただけることと思う」と書いておく。

参照文献のリスト作りには念を入れた。すでに読んでしまった本は勿論、これから読むべき本を図書館で集め、全部で100冊ぐらいのリストを作り、これを丸暗記した。このリストをまず書き出すわけである。題目は「国際金融機関、IMFとBIS」を選んだ。両者ともすでに日銀で論文を作成したものである。これをさらに追加修正し、横書きに直す作戦であった。論文の英語訳には時間がかかった。毎夜必死になってタイプライターを打っていると、隣の部屋に住んでいたアメリカの学生が「やかましくて寝られない」と文句を言ってきたことがあった。私は首をすくめてベッドにもぐり込んだ。

❁恩師・学友の思い出

大学では多くの先生方にお世話になったが、その中から特に有難く思ったお2人の教授について触れておきたい。

・Dr. J. Sandifer

国際法専門。修士号の筆記試験でのbibliographyについては前述したとおり。筆記試験の審査において先生は「Wonderful Bibliography !! 」と朱筆され、後日「君はbiblioの名人だ」と褒めてくださった。お陰で筆記試験はパスできたと感謝している。

・Dr. T. Yoshihashi

国際関係論専門。日本人だがすでに米国国籍を得ておられた先生。卒業間際、エール大学の博士奨学金を勧めてくださった。先生ご自身も、戦時中いろいろとご苦労が多かったと洩らしておられた。

「君はいずれアメリカの社会で活躍すると信じている。米国という社会は、Dr. の肩書きがあるかないかで待遇は勿論のこと、人種差別の扱いも異なり、ホテルのボーイの態度も違ってくるところだ」としみじみと話してくださったのを今でも覚えている。私は、エール大で勉強を続けたかった。日銀に問い合わせると「留学期間の延期は認めない、直ちに帰国するか、日銀を退職するか」との厳しいご返答をいただいた。日本に妻子と老母を抱え、断腸の思いでこのオファーをお断りした。振り返ってみると、私は、中央大学卒業の時に司法試験かフルブライトかと迷い、エール大において勉強できる機会を棒に振り、人生で2度、大事なチャンスを逃したのではなかろうかと、今でもほぞを噛んでいる。

・Dr. Ryouji Yamada

American University の先生ではない。氏は、私と一緒にフルブライターとして渡米された青山学院大学の助教授（当時）である。帰国間近になって、Washington D.C. に立ち寄られた時に私を訪ねてくださった。私は修士号取得の体験談を語った。先生は黙って話を聞かれた後、ポツリとこう言われた。「学問ってそういうものではない。修士号、博士号が"初めありき"ではいけない。そんな飾りは十分に勉強し、自他共に許す成果を上げれば自然とついてくるものだ」。まことに耳に痛いお言葉ではあった。帰国後の昭和41（1966）年、私は、氏の要請・推薦により、日銀勤務のまま青山学院大学の非常勤講師（国際関係論）を兼任することになった。

・Dr. Hans Peter Muth

西ドイツから来たフルブライター。留学中、美人のアメリカ女性と結婚、そのまま Dr. コースへ進み博士号を取得、世界銀行に勤

フルブライト留学先のアパートでスキヤキパーティーの準備をする筆者

務し、現在は、ニューハンプシャーに居を構え、シンクタンクの長として世界中を駆け回っている快男児である。結婚後、よく招かれ悲鳴を上げる奥さんを横に、私は怪しげな日本食なるものを作ったものだ。

本章の結び

フルブライトへ3度目の挑戦をし、やっと念願を果たした。日銀は、この私のわがままをよく受け入れてくださった。私は周りから多分「変人・奇人」の一人として眺められていたことであろう。当時は、「アメリカに行く」こと自体が夢のまた夢であった。

渡米後アリゾナでの研修時代は、ひたすら米国の巨大さと豊かさに驚き、「戦争に負けたこと」を実感した。研修が行われたアリゾナ州のツ

ーソン、アリゾナ大学の広いキャンパス、そこに多くの米国大学生が留学生を世話するアルバイトで働いていた。彼らの底抜けの明るさ、戦勝国の学生が戦敗国の留学生に接する気配は微塵も感ぜられず、ひたすら彼らは私どもの便宜を図ってくれた。いたるところにジープが置いてあり行動力は抜群であった。

　ワシントンのAmerican School大学院では、アメリカ、西ドイツ、日本、イスラエル、そしてパキスタンの学生が集まり"Gang of Five"を結成して遊び歩き、私手製の怪しげなすき焼きに興じたこともあった。そして、修士号への挑戦、2年かかるところを1年でなんとか突破し「国際関係論」修士号をいただいた。エール大学大学院からのDoctor courseへのお誘いには、さすがの日銀もお許しなく、断腸の思いで帰国した。

　この短い1年間の米国滞在は、私の英語に最後の研ぎ"finishing touch"を授けてくれた貴重な期間であった。

●忘れられない出来事●

羽田飛行場のこと

　羽田飛行場は、昭和6年に開港した。戦後進駐軍に接収され、1952年7月1日、ようやくその地上設備の一部が返還されて「東京国際空港」と改称され、翌53年、国際線定期路線がスタートした。

　ガリオア・エロアのアメリカ留学生の渡航が始まったのが昭和24（1949）年、フルブライト留学制度が始まったのが昭和27年、そして、海外渡航が自由化されたのが昭和39年4月であった。当時は、留学生は船で行った。私がフルブライトで渡米したのが昭和37年であったが、その数年前から渡米には航空機が利用され始めた（1960

年代、ダグラス社のDC−8とボーイング社の707の双方がすでに就航していた。小生が利用したのは多分707であった)。

　当時は、まだ民間人が飛行機で海外に行くことは珍しい時代で、私の場合も羽田まで、妻、幼稚園の長女、親兄弟が見送りに来てくれた。空港は現在のように立派に整備されておらず、見送り人は広場の柵までとなっていた。これは後日妻から聞いた話であるが、飛行機が飛ぶのを待つうちに、娘が「オシッコ」と言い出した。妻は娘を連れて空港の建物まで引き返し、走って戻ってきた時は、機体はすでに大空の彼方に消えていたそうだ。妻は、今でも悔しがっている。

時代小史（昭和35年4月～39年7月）

〈主な社会の動き〉
・池田内閣、初の女性大臣（中山マサ）任命（35・7・19）
・社会党、浅沼稲次郎暗殺（35・10・12）
・所得倍増計画、池田内閣閣議決定（35・12・27）
・海外渡航自由化（39・4・1）

〈世　相〉
・ダッコちゃんブーム
・インスタント食品次々発売
・電気冷蔵庫登場
・クレジットカード登場
・テレビアニメ鉄腕アトム人気
・ジャズ喫茶登場
・シームレスストッキング登場

第6章　留学帰国から再渡米まで
（昭和39年7月〜42年10月）

❈フルブライト留学終了

　昭和39（1964）年、私は思い出深い1年間の留学を終え「Master of Art」のお土産をいただき、washington D.C. を発って名古屋へ向かった。エール大学のDr.コースFellowshipsのオファーを断念しなければならなかった悔しさがまだ消えていなかった。1964年と言えば、日本がIMF 8条国に移行して、いよいようねりの高い国際金融の大海原に一人前の船乗りとして乗り出した年であった。しかし、私はそんなことをまったく知らず、ただ妻子が待つ我が家への道を急いだ。

　名古屋を出発してからきっかり1年後、私は名古屋支店の門をくぐった。支店では再び外国為替係に配属された。当時は、嵐の前の静けさとでも言おうか、外為係の仕事は出発前とさして変わらず、1ドル＝360円の固定相場の下、外国為替銀行からの定期的報告のチェック、為替管理の許認可事務など、平穏な時が流れていた。帰国後約半年たった昭和40年春、私は本店の外国為替局に転勤を命ぜられ、再び古巣の調査係に落ち着いた。

❈青山学院大学非常勤講師

　調査係では、私なりに習得した語学力を生かして、ひたすら海外の知識を吸収・紹介することに努めた。IMF、世銀グループ等による発展途上国（呼び名は野蛮国・未開国から後進国、低開発国、発展途上国へと変わっていった）に対する援助に特に興味を引かれ、上司、同僚から

「国際機関オタク（マニア）」というあだなをいただいた。日銀には、年に１度、上申書を提出し将来の希望コースを書き込む機会が与えられていた。私は、勿論「国際機関勤務を希望」と毎度書き込んでいた。

　昭和41（1966）年、青山学院大学の山田良治助教授（フルブライター同期）が突然日銀に私を尋ねて来られ、「大学の講師として国際関係論の講座を担当してほしい」と申し込まれた。私がアメリカで専攻した「国際関係論」は、その頃日本でも新しい分野の学問として脚光を浴び、いろいろな大学が講座を開き始めた。そこで「青山学院大学でも人を探している、よい機会であるので考えて欲しい」との申し出であった。大学で教壇に立つなど夢にも思ったこともなく不安でもあったが、ついに口説かれて、「銀行が承諾するならば」と返事した。

　恐る恐る人事部に相談すると、案外簡単に「勤務に差し支えない時間帯ならばOK」との承諾をいただいた。日銀には従来から金融情勢、貯蓄推進、専門分野での講義・講演などについては積極的に外に打って出る習慣があり、私の伺いもその一環として受け止められたようだ。国際関係論という新分野への珍しさからであろうか、大講堂になんと約300名の学生が押しかけていた。山田助教授から「生徒は皆南瓜と思え」と言われていたが、いざ面と向かうととんでもない話で、南瓜もトマトもきゅうりも皆一斉に襲いかかってくるように感じられた。

❁昭和42年は忘れることができない年

　この年の４月１日、私は副参事補に昇格し資金係に移った。この係は、当時の営業局資金係が高度成長期において「窓口指導※」を通じて大銀行の貸出規制・指導していたのと同様、為替銀行の外貨資金繰りについて毎日のポジションを聴取し必要なアドヴァイスを与え、情報を交換することを主任務とする係であった。

※日銀が銀行に対し、貸出増加額を一定の範囲内にとどめるよう指導すること。これは日銀独特のやり方で、制度的に確立したものではなく、一種の道徳的（？）説得であり、金融政策手段を補完するもので、高度成長期昭和30（1955）年から昭和48（1973）年までには極めて効果的であった。1991年7〜9月期に廃止された。担当者はエリート組の若手人材が当てられていた。

　私は、まず在日外銀全般を、次いで大手地方銀行を、最後に第一勧業銀行を担当した。毎朝、相手行の担当者がやって来る、あらゆる必要なデータを聴取する、予め命ぜられた指示事項を伝達する。相手との息が合うと、微妙な点も阿吽の呼吸でやり取りできるよになり、やり甲斐のある仕事であった。

　在日外銀は当時、米国、英国、フランス、オランダ等の主力銀行が東京に進出してきていた※。その中に米国の Bankers Trust Co. NY の東京支店があった。当時はかなり厳しい為替規制が実施されていたが、規制破りとはいかないもののスレスレの曲芸飛行をよくやり、日銀から要注意銀行のマークを付けられていた銀行がこの Bankers Trust であった。支店長は P.R. Fukuda 氏。後日 MasterCard International 在日代表として活躍された方である。第10章で詳述するが、ここで私は同氏と運命的な出会いがあったことになる。

　　※平和条約発効（昭和27年）とともに対日進出。米、英、仏、オランダ等。

❋ 人事雀のさえずり

　どの職場でも、人事移動に対する関心は深い。このあたりの機微を巧みに捉え見事に小説化した傑作として城山三郎氏の『官僚たちの夏』が

あげられる。主人公は、通商産業省のエリートＫ氏。彼は若い時から異常に人事好きで、同省のエリート官僚の先輩、後輩一人ひとりのカードを作り、各人のあらゆる情報を細大漏らさず書き込み、書き加え、机いっぱいに４〜50枚のカードを広げて配置・移動・昇進を考えては悦に入っている人物である。若い時からこの奇癖で有名なこの人が、やがて実際に人事権を握るポストに就き、いよいよその本領を発揮する。事務次官まで登りつめたＫ氏は自ら築き上げた軍団を率いて、経済の自由化が進み、統制経済が終焉し、許認可権が衰退していく時代に対応し、通産省の権益維持のために「特定産業復興臨時措置法」と称される法案の立法化を図るが、宇佐美洵全銀協会長の抵抗により同案は審議未了として敗れ去った。

　話を戻したい。日銀にも人事の話が得意な人、どこから仕入れるのかわからないが実にもっともらしい人事の話をし、噂を撒き散らす人が何人かいた。われわれは、彼らを「人事雀」と呼んでいた。昼休みの喫茶室で雀さんの周りにはいつも人だかりができていた。５月ごろであったろうか。雀さんの一人が「お前さん、ニューヨークに行くらしいぜ」とささやいた。私は一笑に付した。「日銀がひっくり返っても、そんなことがあるものか」という気持だった。続いて、別の人事雀（日銀記者クラブの新聞記者）からの話が耳に入った。人事部は総裁に対し、従来どおりのローテーションで海外事務所勤務候補者リストの承認・決済を上申した。宇佐美総裁はこれを一読し「誰か別におらんのか、これでは判を押せない」と再考を求められた。「人事部が苦心の末、引っ張り出したのがお前さんだ」という話である。宇佐美総裁が行内に吹き込んだ新風の一つとして新聞にも取り上げられた。昭和42（1967）年10月２日、私は「ニューヨーク駐在参事付」という転勤命令を受けた。「参事付」と言うのは日銀独特の言い回しで、要するに、日銀ニューヨーク事務所

への転勤命令だ。宇佐美総裁については、終章のエピローグで私の知りうる限りのことをまとめておいた。

ニューヨーク駐在事務所へ出発

10月26日、私は、前川理事（後に、総裁）から会食に招待された。前川理事は、知る人ぞ知る「日銀ニューヨーク会のボス」、日銀きっての広い海外人脈を築き上げた方であった。前述したA氏は、この前川氏の人脈を引き継ぎ、「日銀きっての国際派」と称される方である。いろいろな予備知識を叩き込まれ、準備万端（？）11月5日に離日した。今度は大工に作らせた木製のあの「棺おけかばん」ではなく、義弟の外交官から拝借した本物の立派な航空鞄がお供に付いていた。

本章の結び

帰国当時、日本の学界には「国際関係論」が芽生えつつあった。青山学院大学から非常勤講師としての講義の依頼があった。前にも述べたが恐る恐る人事部に伺いを立てると、案に相違してあっさりと許可がでた。ただし、営業時間に重ならないことという条件がついた。学校側と相談の結果。土曜日の午後という時間割が組まれた。

次に、大蔵省と日銀のエリート間の交流の深さとその活動の広さについて一言述べておきたい。私は日頃から国際金融機関たとえばIMFやIBRD、アジア開銀等への出向を夢見ていた。今の言葉で言うと国際機関オタクである。ある日、MOFのエリートの一人から、いきなり「お前さん、やってみたけど駄目だった。国際機関行きは諦めな」と囁かれた。聞いた話では、エリート方の飲み会で私のことが話題にのぼり「面白いやつ、国際機関行きに推薦してやろうではないか」という話になったそうである。しかし、さすがのMOFも実現できず、この囁きになっ

たわけである。私は、MOFエリートたちの動きにも一驚したが、その事後処理の早さにも感激した。日銀なら、まず裏の動きなど教えてくれない。MOFの場合、結果をすぐ教えてくれる。私はオタクの夢をキッパリ捨てることができた。

そして、私にとって最大の幸運が訪れた。宇佐美洵日銀総裁の新風であった。この人事異動の噂もまずMOFから、そして日銀記者クラブから、最後に日銀のあるエリートの方から囁かれた。

●忘れられない出来事●

ピアニスト　弘中孝氏

　彼は、桐朋学園高校音楽科を卒業後、昭和36（1961）年音楽コンクール第1位特賞および安宅賞を受賞。1963年フルブライト給費生として渡米、ジュリアード音楽院でゴロニツキー教授に師事、1967年シフラ国際コンクール第1位金賞などを受賞。小澤征爾＝新日本フィル、ロヴロ・フォン・マタチッチ＝N響をはじめとするオーケストラとの共演。またバイオリニスト久保陽子とのデュオコンサートなどで、国内外で高い評価を得ている。現在は、東京音楽大教授。50年前、この高名なピアニストと私の出会いは、フルブライト給費生としてテキサス州ツーソンのアリゾナ大学のキャンパスで始まった。彼（と呼ぶ失礼をお許しいただきたい）は血色よく小太りな元気一杯の若者であった。日本ではまだ見ることができない破れジーパンをはき、はだしで上半身裸に近い格好で行内を走り回っておられた。「ピアノは体力」とよく口にされ、バイキングの食事をモリモリと平らげておられた。彼は、不思議と私のそばを離れず、私のことを「オッチャン、オッチャン」と呼び、私を通訳代わりに

使われていた。そういえば、彼が英語で話しをするシーンはまったく私の記憶にない。彼はピアニスト、万国共通の楽譜があれば英語など必要はない、と納得した次第であった。

　ある日、彼がまた私を「オッチャン」とけたたましく呼びつけた。近寄っていくと回りに数人のアメリカ人大学生、彼らもまた汚ならしいジーパンで下半身を包んでいる。何かトラブルでもと身構えたが、さにあらず。彼らは、広中氏にキャンパスの演奏会でピアノを弾いて欲しい、と頼みにきたわけであった。そういえば、私も数日前、日本の柔道を見せてくれと頼まれ、衆人環視の中、大男のアメリカ人と取っ組み合い、猛烈に暴れまわる相手をかろうじて袈裟固めで押さえ込んだばかりであった。彼は演奏依頼を快諾した。演奏会の夕べ、彼は燕尾服で正装し、しずしずと壇上に現れた。いつも見つけている彼の姿とあまりにも異なるのでまずあっけにとられた。確か彼は「さくらさくら」と「荒城の月」から演奏に入られたと記憶している。涼風が吹きわたり、シーンと静まり返る広いキャンパスに流れるその調べ、そして突然のトレモロから響き渡る流れるような曲の調べ（残念ながら曲名はわからなかった）、演奏が終わった時、学生やその家族たちは皆立ち上がり熱狂して拍手で彼をたたえた。壇上から降りてきた彼の私に対する第一声は「オッチャン、腹減った」であった。あの時、彼は20歳前後ではなかったろうか。

時代小史（昭和39年7月〜42年10月）

〈主な社会の動き〉

・東海道新幹線開業（39・10・1）
・第18回東京オリンピック開催（39・10・10）

・IMF 東京総会（40・9・7）
・国鉄みどりの窓口開業（40・9・24）
・初のコンピュータ白書出版（40・11・29）

〈世　相〉
・ミニスカート流行
・クレジット販売大流行
・フーテン族現れる

第7章　ニューヨーク駐在事務所
(昭和42年10月〜45年4月)

　私は、昭和42（1967）年10月2日「ニューヨーク駐在参事付」を命ぜられて渡米、約2年後の昭和45（1970）年4月1日に帰国命令を受けた。その翌年1971年8月15日、世界経済に大きな影響を与えた米国ニクソン大統領の声明が発せられた（いわゆるニクソンショック）。私の米国滞在は、この声明が発せられる直前に終わったわけで、国際通貨情勢は嵐の前の静けさとでも言うべきか、さしたる動きはなかった、と言っても、やはり前兆らしきものがチラチラと顔をのぞかせていたようだ。その当時の米国並びに母国日本の経済情勢はどのようなものであったろうか。本章で順を追って思い出してみたい。まずは、オフィスのあるマンハッタンの話から始めよう。

❀マンハッタンの思い出

　ニュヨーク州の中心部マンハッタンは、幅約4キロ、長さ約20キロ、西側をハドソン川、東側にイーストリバーが流れてブロンクス、クイーンズ地域を遮り、北部をハーレム川が流れてニュージャージー州と対面する縦に細長い島である。

　摩天楼、セントラルパーク、ハーレム、タイムズスクエア、ウオール街、カーネギーホール、ロックフェラーセンターなど懐しい光景が目に浮かんでくる。人々はこの島を、北部（アッパー）、中央部（ミッドタウン）、下端（ロウアー）と3分する。

　アッパーマンハッタンには独立戦争時の激戦地ワシントンハイツやコロンビア大学、ハーレム等があり、ミッドタウンにはセントラルパーク、

5番街、タイムズスクエア等が観光客を集めている。ロウアーマンハッタンには、World Trade Center（平成12（2001）年の同時多発テロにより崩れ去ったが目下再建中）、World Financial Center（大手企業、商業、ショッピングのウインドウが妍を競う）、ウオール街を中心とする世界の金融・商業の中心地として活動している。最南端のバッテリーパークから水路で約30分で自由の女神の全体像が望まれる。

　思い出すままにロウアーマンハッタンについて概略を述べておきたい。この地域は歴史的に見て一番最初に開拓されたところで、細い道がくねくねと続き、碁盤の目とは言えない。この地域に、ニューヨーク連邦準備銀行、ニューヨーク証券取引所、大手銀行が林立するFinacial Center、Wall Streetがあり、チェースマンハッタンプラザにあるJ.P. Morgan銀行が所有する60建の超高層ビルの58階に日銀のニューヨーク駐在員事務所があった（2000年に、MorganとChase Manhattan銀行が合併したのを機に現在のブロードウエイ140の18階に引越し）。ちなみに、ウオールストリートの名は、ここに初めて入植したオランダ人が、インディアン、イギリス人の襲撃に備えて丸太を組み合わせた防壁（「ウオール」と呼ばれた）を、ハドソン川からイーストリバーまで万里の長城よろしく築き上げた。この防壁が「ウオール」と呼ばれ、この通りの名前の由来となったと伝えられている。

❄米国連邦準備制度

　ここで、簡単にアメリカの中央銀行である連邦準備制度の組織について説明しておこう。本部は連邦準備制度理事会（通称Board）と称し、ワシントンD.C.Constitution Avenueに面している。全国の主要都市に散在する12地区の連邦準備銀行を統括する。

　後日談になるが、私が訪問できたのはこれら12の地区の連銀のうち、

ニューヨーク、アトランタ、シカゴ、ダラス、サンフランシスコの５連銀であった。

　　※第１地区・ボストン、第２地区・ニューヨーク、第３地区・フィラデルフィア、第４地区・クリーブランド、第５地区・リッチモンド、第６地区・アトランタ、第７地区・シカゴ、第８地区・セントルイス、第９地区・ミネアポリス、第10地区・カンザスシティ、第11地区・ダラス、第12地区・サンフランシスコ。

❀オフィスの仕事

　オフィスには、山中鉄夫駐在参事、東山紀之次長、戸田善明氏（私と入れ替わって帰国）、土金琢治氏、山本逸朗氏、岡崎昭夫氏そして私の６人体制であった。赴任時、私は正直にいうと、四面楚歌、敵陣に乗り込む覚悟でオフィスに乗り込んだが、皆さんは暖かく迎えてくださった。新人は６カ月間オフィスの庶務全般を担当する。本店でいえば文書局の仕事だ。しかし、大したことはない。財務・税務当局への対応等厄介な仕事は外部の公認会計士事務所がやってくれる。庶務の仕事はオフィス内の毎日のチマチマした仕事の整理で、すでに established されている先例を間違いなくこなせばよい。それより大切なことは、この６カ月間を利用して米国の生活に慣れることだ。次の新人が赴任してくるとこの役目が変わる。

　次は主として本店の外国為替局の仕事だ。私にとってはこれはお手の物で苦労なくやっていけた。次の６カ月間は主として調査局の仕事となる。そして最後の守備範囲は総務局と同様、遊軍であり何でも屋となる。本店外国為替局にいた頃、「駐在参事来電」が極秘、至急、重要等の赤判を押されて回覧されていた。その発信源がこれかと納得したことを覚えている。これらの事務分担に加えて米銀、日本からの来客等とのお付

き合いがある。

　在任中、一つ気がついたことがあった。それは、「昔はオフィスの仕事は単なる情報集め」であったが、それに実務が加わってきた事実である。私は、金の買入れ、世銀債、IMF証券、EXIM PC等の買入れ交渉と実際の引取り等の実務について得がたい体験をすることができた。

❀在任中の国際金融・通貨情勢

　昭和43（1968）年から昭和46（1971）年前半にまたがる国際金融・通貨情勢は「嵐の前の静けさ」とも言うべきか、わりあい平穏に推移していた。しかし、襲いかかる台風の兆しというべきか、日本においては1ドル＝360円の固定相場制度の下でジワジワと押し寄せる円高圧力、外貨準備の急増、過剰流動性、経常収支の黒字幅拡大などの諸問題が次第に頭をもたげていた。次の第8章で詳述する。

❀金"gold"との出会い

　私は、在任中、なぜか金との付き合いが深くなった。自分自身が興味を持っていたことに加え、上司からの指示もあり、「金（gold）」の調査に打ち込んだ。FRBニューヨークおよびFRBシカゴの地下大金庫にズラリと並べられているおびただしいインゴット（7,000トンあると言われていた）と、そのイヤマークの眺め、ロンドン駐在参事からの金に関する秘密情報、次に述べるような米国大手銀行からの不思議なアプローチ、とても在任中には読みきれないほど集めた金に関する資料等々、次々と当時のgold遍歴が思い出されてくる。私のニューヨーク駐在事務所の卒業論文は、「米国の金に関する法制面の推移、大統領の金管理権限」と題するもので、議会の金管理権限、大統領のもつgold emergency powersの威力、IMFと米国との間の大統領の金売買権限、金に

関する米国の主要法令の諸項目からなったものであった。集めたが消化し切れなかった資料は持ち帰り、「金関係資料」と題して後日整理・報告した。その成果は、今私の本箱の中にズラリと並んでいる。

エピソード

●FRB研修

　昭和45（1970）年2月4日～9日まで、FRB NYにおいて研修を受けた。主な内容は金問題、外国部の機構、米国の国際収支統計の三つであった。地下の大金庫室の中身には圧倒された。7,000トン、見渡す限り、gold ingotの列が広がっていた。それぞれの山には"イヤマーク"の札が立てられている。イヤマークとは、そもそもの意味は羊の耳に付けて持主を示す札である。この札に国名、オンス量等が書き込まれている。ある国が貿易や借款によって外国で取得した金塊（インゴット、純度、重量、製造番号が刻印されている）を、為替決済等の目的のために、その国の中央銀行に寄託し保管を依頼する。依頼された中央銀行が預かった金塊を整理・保管するための一種の立て札だ。

　国際収支統計表上のbelow the line（国際収支統計表の数字の説明書きで、表の下方に示されている）の組み立て方も大変参考になった。

●FRB図書室

　FRBには、日銀本店と同様、りっぱな図書室がある。資料調べで私は一時、この部屋の主のようになった。出入り自由、表玄関の守衛さんとも親しくなり、手を上げるとウインクしてすぐ通してくれた。司書さん（中年の女性職員）とも仲良しになった。彼女は、私の質問を親身になって調べてくれた。金"gold"の資料は特に有難かった。資料のコピーは勿論OK、無料（今年初め、たまたま実体験したが、日銀図書室はOBに対してはコピーすら禁止）であった。

●最低の在席率

　私はオフィスで自分の机の前に座っている時間（仮に在席率と呼ぼう）を記録したとするならば、その率はおそらく一番低かったと思っている。出張が多かったこと、面会を求めて聞き歩くことが多かったこと、FRBの図書室にもぐりこんでいる時間が多かったこと、がその理由である。読む英語は勿論大切であるが、オフィスから飛び出して、脚で稼ぐ英語、聞く英語に私は徹したと信じている。

●自動車

　ニューヨークは当然のことながら自動車社会である。事務所には、「車のことなら何でもござれ」という日本人の一匹狼が出入りしていた。新人が着任すると、運転免許の書換え（日本の免許証はそのままでは通用しない、形式的であるが試験もある。ヒヤリングのため一発で通らない人もいた。新人の合否は先輩達の昼飯の賭けの対象となっていた）、新車あるいは中古車の購入、保険、事故ったときの処理、帰国するときの譲渡などすべてのことをやってくれた。私が世話してもらったのは、クライスラーの「ダッジダート」であった。思いもよらぬ大型車で乗り心地は満点であった。

　在任中幸い事故にはあわなかったが、ラガーディア空港でバッテリーアウトの失敗をやらかしたことがある。朝早くまだ暗いうちに家を出る。空港に着き、ライトを消すことを忘れて飛行機に駆け込む。日帰りで遅く空港に戻ってくる。鍵を回す、エンジンはクスッとも動かない。今と違って携帯電話などない。広い駐車場をトボトボ歩いてやっと彼に連絡がつく。近づいて来る彼の車のライトが神様のように思えた。彼は私より若かった。ニューヨークのど真ん中で何らの後ろ盾もなく、自らの力のみで生きていく彼を私はひそかに尊敬した。好漢いまいずこ。

第7章　ニューヨーク駐在事務所

●アパート

　着任後、前任者が住まれていたニュージャージー州のフォートリーにあるアパートを引き継いだ。三重野総裁が駐在員であったころ初めて探し出し、これを代々の駐在員が引き継いできたアパートであった。古びていた。壁紙と床板をすべて張り替えてもらった。私の後任者は、このアパートを引き継がず、自分で住家を探してきた。時の流れを現していた。

　着任後6カ月たって、家族を呼び寄せ、狭いながらも楽しい我が家となった。この家から毎日、ジョージワシントン・ブリッジを渡り、ハドソンリバーサイドアベニューを走って通勤した。フォートリーは、アメリカ独立戦争の時、米軍が英軍の侵攻からマンハッタンを死守した激戦の地として名高く、マンハッタン中部への通勤の便がよく、日本人家族が多く住んでいた。この地域は、ニュージャージー州バーゲン郡の一部で、マンハッタンのワシントンハイツの対岸にあり、ジョージワシントンブリッジ（自動車専用の吊橋で、世界一交通量の多い橋として知られている）でマンハッタンとつながっている。

●東京銀行の敏腕ディーラー

　NY在勤当時、日銀本店の正面玄関の前に、東京銀行がその威容を誇っていた。同行の前身は戦前、貿易金融・外国為替取引に特化した特殊銀行、横浜正金銀行である。昭和21（1946）年、同行はGHQの指令により解体・清算され、東京銀行となったが、その機能は、「外国為替銀行法」（昭和29（1954）年施行）に基づき日本唯一の外国為替専門銀行となって引き継がれた。その銀行の敏腕為替取引ディーラーのS氏が、1968年末突然NY事務所を訪問された。懐かしい方であった。氏の渡米目的は「NY為替市場の視察」であった。翌日、あわただしく帰国される同氏をケネディ空港までお送りした。

「これから忙しくなりそうですね」の一言を残して氏は機上の人となった。

日本では、すでに昭和38（1963）年4月22日に為替平衡勘定が創設され、日銀による東京外国為替市場（昭和27年再開）に対する為替市場介入の体制は出来上がっていた。S氏は、外国局の為替ディーラー室のスタッフの講師を務められた方である。氏の訪米目的を推察し、近いうちに何かありそうな予感がしたことを覚えている。

なお、あの時代から今日までのわが国の都市銀行の再編成の動きには目を見張らされる（拙著『クレジットカード用語事典（第3版）』176頁以下参照）。

～～～～～～～～～ 知　恵　袋 ～～～～～～～～～

What is 外貨準備？

　外貨準備とは、中央銀行あるいは政府金融当局が、対外債務の決済、輸入代金の支払い、為替相場の急激な変化への対応等の国際取引を円滑にするために保有する流動性の高い資金をいう。

　外貨準備の中身は何か？

　外貨準備は、通常、次の四つの資産からなっている。

① 　外貨資産

　　預　金　　基軸通貨であるドル建てあるいはユーロ建てなど外貨建て定期預金証書

　　証　券　　a．米国財務省短期証券（Treasury bills）
　　　　　　　　期間は主として1年以下のもの。3カ月、6カ月、1年。

　　　　　　　b．米国財務省中期証券（Treasury note）
　　　　　　　　2、3、5、7年物の利付債券

> c. 米国財務省長期証券（Treasury bond）
> 　　 30年物の利付債券
> ② IMF Reserve Position
> 　　　　　　IMF 加盟国がその出資金に応じて IMF から無条件で引き出すことができる金額。
> ③ SDR　　　IMF 特別引出権
> ④ 金　　　　米国カーター大統領（1979〜81年）は日本の大平首相（1978年就任）との間で、「日本は外貨準備の10％以上金を買わない」旨合意したと伝えられているが、その真偽は不明である。

●出張先

できる限り歩き回るよう努めたが、特に印象に残る土地は、次のとおりである。

① Washington D.C.　　Board、IBRD、IMF、EXIM、財務省、商務省等。
② Chicago 連銀　　金の保管とセキュリティの強さ、先物市場、為替ディーラー発祥の地。
③ Dallas 連銀　　綿花の集散地、石油産業、金融・経済の中枢地。
④ Atlanta 連銀　　南部の商業・経済に中心地。南北戦争の激戦地。

❀帰国命令

昭和45（1970）年4月1日の帰国命令後、私はルールに従い家族をまず帰国させ、単身欧州回りで帰ることとなった。自分で帰国スケジュールを作り、人事部の承認を待って、4月12日ニューヨークを立ち、英国

（ロンドン）、スペイン（マドリード）、フランス（パリ）、デンマーク（コペンハーゲン）、オーストリア（ウイーン）、スイス（チューリッヒ、ジュネーブ、バーゼル、あこがれていたユングフラウとインターラーケン）、そして、最後にドイツ（フランクフルト、ハンブルグ）と回り、帰国の途についた。欧州サイドの駐在員事務所の方々との会食、観光案内、BIS訪問、アルプス山脈の山々を貫くユングフラウ鉄道の旅など、楽しいご褒美をいただき感謝している。

❋ 本章の結び

　着任時、国際金融・通貨情勢はまだ荒れた様相は呈していなかった。嵐の前の静けさであった。学歴コンプレックスに悩む私は、着任時、相当な覚悟を持ってオフィスのドアを押した。「異物が入ってきた。用心しろ」という気配にぴりぴりしていた。しかし、皆さん、暖かく私を迎えてくださった。私は、心中ひそかに自分を恥じた。

　私が引き継ぎ、家族を呼び寄せたアパートは、「三重野総裁がNY時代自ら探して住んだもの」といういわく因縁つきのアパートであった。引き継ぐのにためらいがあったが、断れば角が立つと考え黙って住むことにした。しばらくして家内と娘が同居した。家内は料理上手でオフィスの仲間の夫人や近所の知人の評判はまことによかった。このぼろアパートはその後どうなったか、これを引き継ぐ順番で後日着任されたH氏は、一瞥して「no thank you」と断った。時代の推移を痛感した。

　NYでは、とにかくよく歩いた。日本の靴は湿度の関係かすぐ駄目になった。靴屋で陳列してある靴の種類と豊富な品揃えに驚いた。これが私の一点豪華主義「靴貴族」となった所以である。

　NYでは、NY連銀の若手の課長さん以下の人たちとの仲良しが増えた。これが私の人脈となり、貴重な財産となった。

●忘れられない出来事●

バレリーナ森下洋子さんと豚児

　彼女は、3歳からバレエを始め、武蔵野市の私立吉祥女子高校を卒業、米国留学、訪中公演の後、松山バレエ団に入り、松山樹子に師事。芸術選奨新人賞を受賞。1974年、第12回ヴァルナ国際バレエコンクールで日本人初の金賞受賞。モナコ公国へ留学し、マリカ・ペゾブラゾビアに師事された。その後、森下氏は世界のプリマへの階段を上り始める。

　昭和50（1975）年、52（1977）年、文化庁芸術祭大賞。同年、エリザベス戴冠25周年記念公演。1981年、パリ・オペラ座に日本人として初めて出演。同年、毎日芸術賞受賞。1985年、日本芸術院賞を洋舞として初受賞。同年、パリ・オペラ座の「くるみ割り人形」全幕に主演。1997年、女性最年少の文化功労者として表彰。現在も日本のトップバレリーナの地位を維持されている。

　まだ修業時代であったこの森下洋子氏が、ニューヨーク勤務中の私宅に遊びに来られたことがある。彼女が住んでおられたマンションがたまたま私のアパートの近所であったことがご縁で、彼女は、「日本のご飯を食べさせてください」といって来宅された。妻と娘は夢かとばかり大歓迎となった。

　娘を持つ親御さんなら皆さんご存知のとおり、わが娘も幼稚園児の時バレエ大好きな子であった。パンツ兼用の白い長靴下を履き、シミーズ一枚で跳ね回っていた。その子が憧れの森下さんを目の当たりにして、大興奮。臆面もなくシミーズ姿で走り出してきた。妻が小声で、「この子はバレエ教室へ行かせるべきしょうか」と聞くと、森下さんはじっと娘の後ろ姿を見つめ、黙って首を振られた。

後で聞くと、もう骨が固まっていて、両方の膝がつかないO字形になってしまっているとのこと。「お上手ね、でも練習は大変よ」と娘に語りかけてくださった。豚児はいま太鼓腹をゆすって家庭で、職場で、はね回っている。

時代小史（昭和42年10月〜45年4月）

〈主な社会の動き〉
- 3億円事件発生（43・12・10）
- 初の国産人工衛星「おおすみ」打ち上げ成功（45・2・11）
- 日本万国博覧会（45・3・14）
- 赤軍派学生、日航機「よど号」ハイジャック（45・3・31）

〈世　相〉
- タレント議員進出
- ヒッピースタイル流行
- ジーンズ定着
- 冷凍食品出現
- 企業のモーレツ特訓始まる

第8章　帰国、再び外国局へ（昭和45年4月～52年5月）

❀外国局運用係

　昭和45（1970）年4月12日帰国、私は主査として外国局業務課運用係へ配属された。帰国後数日間は、人事部に案内されるまま、総裁、役員、大蔵省国際局短期資金課などへの挨拶回りに忙しい日々を送った。4月21日にようやく席に落ち着けることになった。運用係は日本の外貨準備にかかわる一切の業務を担当する係である。国際情勢の動きが次第に激しくなっている折から、当時隣の為替係と並んで花形の係の一つであった。

　為替係は、前述したが、必要ある場合には国際為替市場に介入し円相場をコントロールする係。調査役クラスのチーフディーラー以下6人の精鋭がイヤホーンを耳にして円卓を囲んでいた。外国局の大部屋の一角を透視ガラスで仕切られた小部屋が彼らの舞台であった。ディーラーには、戦闘機のパイロット並みの瞬時の判断力が要求されると言われている。6人の精悍な顔つき、きびきびした動きは頼もしく思われた。不思議とマージャンに強い人たちばかりが選ばれていた。

　運用係は私が配属された時は総勢10名（その後15名まで増員された）、局長直属、大蔵省国際局短期資金課と密接な関係にあった。私の武器は、ニューヨーク時代に開拓したFRB、IMF、大手米銀等の人脈、そして机上3台の電話機、国際電話用、大蔵省直結、そして通常の行内用電話機であった。電話は時差の関係上夜かけることが多い。上司は「いても役に立たない。よろしく」とつぶやきながらさっさと帰宅してしまう。頼れる人はいない。自宅へも容赦なくニューヨークから電話がかかって

くる。業務の関係上「極秘扱い」が多く、数字とdeadlineに神経がスリ減る毎日であった。

　なお、ここで一寸脱線して、人脈について一言。広辞苑によれば、人脈とは「人の集団における特定の人と人とのつながり」とある。お供と通訳を連れた偉い方が相手と仲良くなり、やがてその付き合いが人脈となっていくこともあろう。しかし、私の「人脈」の作り方は一寸違った。ニューヨーク時代、英語がまだ自由には操れないので、言葉に詰まったときの用意に私は常に小さなコンサイスの辞書を持ち歩いていた。長年の使用でぼろぼろになっていた。これを片手に、必死になって相手の目をにらみ上げながら仕事の話を進める。しつこいので嫌われることもある。私は人脈の土台は誠意だと信じている。相手もやがて私の気持を理解してくれる。この一対一の付き合いから自然に湧き上がってくるものが仲間意識、友情が人脈だと思う。このつながりに私はどれだけ助けられたものか。夜中に電話機を握り締めながら、「頼むよ、俺の言ったとおりやってくれよ」と怒鳴りあえる有難さ。これが私の唯一の武器だった。

　配属当時の国際金融情勢は次第に雲行き険しく、オーバーに言えば、驚天動地の動きが続発する時代に入りつつあった。これらの動きを、時系列的にまとめておこう。

❋激動する国際通貨情勢の真っただ中へ

●IMF特別引出権（Special Drawing Right = SDR）の創設

　IMFが加盟国の準備資産を保管するため昭和44（1969）年に創設した国際準備資産（ブレトンウッズ体制の崩壊、フロート制の移行により、SDRの必要性は低下した）のこと。SDRの価値は、5年ごとに「バスケット方式※」により決定される。2012年8月20日現在のSDRの総額は

約3,100億ドル。

> ※世界貿易において1％以上のシェアをもつ通貨をもとにSDRの価値を定める方式。1981年この方式が見直され、米ドル、日本円、英ポンド、ユーロの4通貨を加重平均して評価する方式に改められた。

●ニクソンショック

　昭和46（1971）年8月15日、米国ニクソン大統領は、ドル防衛、インフレ抑制、景気刺激の3項目を内容とする声明を発し、国際通貨制度を大混乱に陥れた。世に言う「ニクソンショック」である。声明の概要は以下のとおり。

1．ドル防衛策
　　① 金交換の一時停止（金禁輸＝gold embargo）
　　② 一時的な輸入課徴金の賦課
2．インフレ抑制策
　　① 物価・賃金等の一時凍結
　　② 生計審議会の設置
　　③ 歳出の削減
3．景気刺激策
　　① 設備投資免税
　　② 乗用車消費税の撤廃
　　③ 所得税減税の繰上げ実施

　この声明により、ドルの金による裏付けがなくなり、ドルの基軸通貨としての地位が崩壊し、各国は自国通貨を切り下げ、変動相場制度を採用するなど、国際通貨激動期の幕が切って落とされた。

●変動相場制のスタート

　昭和46（1971）年5月、ドイツから始まる。日本は、同年8月28日開

始。

　為替相場を外国為替市場の外貨需給関係に委ねて自由に決める制度。フロート制度ともいう。フロート制度には財政・金融両面において次のようなメリット・デメリットがある。

〈メリット〉

① 相場の騰落が国際収支の均衡を達成するため、外貨準備の過不足を解消する。

② 相場の変動が対外収支を均衡させるので、政府は国内不均衡の是正に集中できる。

③ 変動為替相場制度の下では、投機のコストとリスクが大きいので、為替投機筋を抑制できる。

〈デメリット〉

① 変動為替相場制度の下では、国際取引業者の換算基礎が不明確であり、国際取引を縮小させる。

② 国内均衡への配慮が薄くなり、政府の国内インフレの是正努力が減退する。

③ 為替リスクが大きいため、長期国際投資を阻害する。

●スミソニアン合意

昭和46（1971）年12月、ブレトンウッズの固定相場制度体制を維持するため、主要国が自国通貨の切り上げ幅を決定した合意。この制度は長続きせず、1973年2月～3月にかけてフロート制に切り替えられた。この制度は、1976年1月、ジャマイカのキングストンで開催されたIMF暫定委員会により承認（1978年4月1日発効）されたので、キングストン体制ともいう。

●世銀債購入

昭和46（1971）年、ワシントン世界銀行へ出張。日銀によるIBRD

Bonds 買入スタート。

●運用係長任命

昭和48（1973）年8月5日、運用係長に任命された。前述したとおり運用係は、外貨準備全般を担当する当時最重要なポストの一つであった。

白川前日銀総裁が日銀に入行され、3カ月間の基礎研修を終えて最初に配属された係がこの運用係であった。課長に呼ばれ、「大事な新入行員を預かる。大切に扱うように」と言われ、「この忙しいのに大変だなー」と心ひそかにぼやいたことを記憶している。

●IMF 等からの金買入れ

買入時期：昭和27（1952）～48（1973）年

買入先：IMF、米国財務省、NYFRB、ロンドンの金取扱業者等

●EMS（欧州通貨制度）の発足

昭和54（1979）年3月、ドイツ、ベルギー、ルクセンブルグ、オランダ、デンマーク、フランス、イタリア、アイルランドの8カ国で2.25％の相場変動幅内で自国通貨相場の全面フロート制（別名スネーク制）の固定化を図ったローカル協定（のち、ユーロの基礎となる）。

●日本円の防衛策発表

昭和55（1980）年3月、米国、ドイツ、スイスとの協調介入による日本円買支え合意。

●IMF、財務省、NYFRB からの金購入

昭和56（1981）年5月、国際通貨基金、財務省、NYFRB へ出張。この時帰国途上機内でまとめた出張報告書が、なぜかわからぬが、当時検査役であった古谷九八朗氏[※1]の目に止まり、これがきっかけとなり、私は数年後、米国サンマテオ[※2]に本拠を置く VISA Internatioal に転出することとなった。

※1　日銀組織規定による、日銀内部の事務処理検査を職務とす

る部署の長。警察庁の長官官房首席監察官に相当する。
　※2　米国 California　シリコンバレー北端部の San　Mateo。IT 企業が多く集まっている。

　この5年間は、とにかく多忙であったが勉強になった。私なりに文字通り寝食を忘れて働いた、充実した5年間であった。

知　恵　袋

金（gold）大好きなお国柄は？

　gold propencity という言葉を聴くと私はすぐ BIS のロイトビラー総裁を思い出す。Propencity は性癖、好みを意味する。「金を好む性癖」とでも訳されよう。スイスには子供が生まれると金貨1枚を贈り枕元におく慣習があるそうだ。金選好の高い国民は、どこだろうか。すぐ頭に浮かぶのは、インカ帝国、フランス、スイス、アメリカ、インド、中国であるが、日本も例外ではあるまい（黄金の国ジパング）。金は叩いて薄く伸ばせば、厚さ10,000分の1ミリ、細長い線に伸ばすと1グラムが富士山の高さまで達するといわれる。国の最終対外決済用、金貨、装飾用、歯の治療、IT 機器等利用範囲はきわめて広い。

　　※江戸時代では、"佐渡の金山"。そして現在は、鹿児島県の"菱刈鉱山"が大規模な金山として有名。毎年7トンの金を産出している。なお、米国ネヴァダ州の"フロリダキャニオン鉱山"と"スタンダード鉱山"（年間産出量1.7トン）は、日本の実業家松藤民輔氏が経営している。

　ロンドン金市場について、日銀ロンドン駐在事務所が Samuel

Montagu & Sons から聴取した記録ならびに田中貴金属工業の資料から次のようにまとめてみた。
① 金市場の構成員（Price Fixer 値決めをする人）
　　精錬業者２社：N.M. Rothschild & Sons.（創立1804年）
　　　　　　　　　Johnson Matthey Ltd.（創立1817年）
　　ブローカー３社：Mocatta & Goldsmid Ltd.（創立1684年）
　　　　　　　　　　Samuel Montagu & Co. Ltd.（創立1853年）
　　　　　　　　　　Sharps Pixley & Co. Ltd.（創立1957年）
以上５社が正会員、この他、顧客の注文を取り次ぐ若干の Authorized Dealer（銀行）が参加しているが、値決めには参加できない。
② 売買単位
　　価格は１オンス単位で表示。売買対象は原則として１ bar であるが、顧客の注文に弾力的に応じ、小型の金塊を売買することもある。
③ bar
　　取引の対象となる bar は、350〜450オンス、純度は1000分の995以上。
④ 代金支払い
　　official price はシリング建てであるが、米ドルに換算し、NY で決済。

❋本章の結び

第28代の日銀総裁、速水優氏に『海図なき航海』という名著がある。私が帰国し大阪支店に転勤するまでの約７年間の国際金融市場における

急激な動きを同書から拾うと次のとおりとなる。
- ロンドンから金現送　　　　　　　　　　　1970・9・24
- ニクソンショック（金禁輸等）　　　　　　1971・8・15
- スミソニアン合意　　　　　　　　　　　　1971・12・17
- 英ポンド　変動相場制へ移行　　　　　　　1972・6・23
- 日本円　　　同上　　　　　　　　　　　　1973・2・12
- SDR（算定方式一部修正）　　　　　　　　 1974・7・1
- IMF　キングストン合意（IMF協定改定）　 1976・1・7
- IMF　金売却開始　　　　　　　　　　　　1976・6・2

この期間は、やや大げさな言い方かもしれないが、ニクソンショックという大地震による大津波が日本列島を席巻し、これまでの国際通貨制度をバラバラにしてしまった時期であった。とにかく忙しいが、働き甲斐のある7年間であった。この間に私は、これまで私を育ててくれた日銀に僅かであるが恩返しできたと思っている。

●忘れられない出来事(1)●

チップと人種差別

　綿花プランテーションの本場メーコンを擁するジョージア州を中心とする南部諸州と、奴隷解放を叫ぶ北部諸州との間の南北戦争は北部の勝利で終わったが、依然としてアメリカは人種差別、少数民族問題で悩んでいる。オバマ大統領は、その第1回就任演説で切々と訴えた。「私の父親は地元のレストランで食事をとることすらできなかった。それから60年、今、その息子がこうやって皆さんの前に立っている……」と。インディアン絶滅作戦など米国の歴史は、血に彩られており、自由、平等、平和を声高く叫ぶ姿とどうしても

重り合わない。

　話は変わるが、欧米諸国にはチップという習慣がある。ホテル、レストラン、理容店や美容店、タクシー等においてドアマン、ベルボーイ、運転手、従業員等に渡さなければならない。日本にはない習慣である。これらの人たちの給与水準は社会的に低く抑えられている。「チップ収入で補え」というわけだ。私は、チップは一種のセレブ税、白人優越主義の名残と考えている。国が公権力で消費税を取る。弱者が社会的習慣でチップを受け取る。この習慣は、18世紀、イギリスの酒場で始まった。サービスを迅速に受けたい人に対し、"To Insure Promptness"と書いた箱を置き、ここに小銭を入れさせた。「これでお前さんも一杯やってくれ」というこの小銭がチップ(頭文字のTIP)の元祖と言う。

　私の経験を一言。NY事務所勤務時代、私はとある超一流ホテルに宿泊、外出時にタクシーを呼んでもらった。玄関を出てタクシーを探していると黒人のドライバーが黒人のドアマンに「客は？」と聞いていた。"That's! yellow Jap"というドアマンの声が聞こえた。私は腹が立ち、"Son of a bitch, Mothafakka, kakusaka, daya wonna tip from yellow?"と呟いてドアマンを睨みつけた。これはアメリカでは紳士が口にしてはいけないdirty Englishである。ドアマンはあっけにとられたような顔をしてしばらくもじもじしていたが、黙って手を差し伸べてきた。"Never say Yellow, Williya"といって若干多目のチップを渡した。

● 本章の結び

●忘れられない出来事(2)●

金の現送

　昭和45（1970）年9月24日、「ロンドンにある金を本店金庫に運び入れる。現送の手順、現場での指揮は一切任せる。本件は極秘事項である。よろしく」との命を受けた。貴金属特別会計により日銀ロンドン事務所がロンドンの金業者数社から数年間にわたり毎日少しずつ買い入れ、まとまった金を日本に現送するわけである。IMFやFRBからの金買入れは通常イヤーマークで処理される。現物は動かない。これは「民間業者からの買入れだな」とピンときた。「金をロンドンから運び入れる」ということは、口で言うことは簡単であるが、実務がどんなに複雑なことであるのか身をもって体験した。

　準備万端整って、翌46年1月13日、JAL機は羽田空港に無事着陸した。その瞬間、一種の虚脱感を覚えた。タラップを駆け上がり、中を覗いて驚いた。椅子が3脚置いてあるだけだ。胴体は空洞である。「この飛行機はロンドンから空気を運んできたのか」との思いがよぎり、ハイジャック、テロなどの物騒な言葉がサーっと頭をよぎった。

　インゴットの厚みはせいぜい数cm、これらのインゴットが木製の頑丈なスノコの上にズラリと並べられていた。全体が床に見えただけであった。このスノコを一つずつフォークリフトが機体から運び降ろしていた。総量○○トン、よくまーこんな重いものが空中に浮かぶものだと感じ入った次第であった。

第 8 章　帰国、再び外国局へ

■■■■■■■■■■■■■ 時代小史（昭和45年 4 月～52年 5 月）■■■■■■■■■■■■■

〈主な社会の動き〉
・日本山岳会、植村直己エベレスト初登頂（45・5・11）
・三島由紀夫、割腹自殺（45・11・25）
・ドルショック、株価大暴落（46・8・15）
・ドル変動相場制採用（46・8・28）
・連合赤軍、浅間山荘ろう城、警官突入（47・2・19）
・田中角栄通産相、「日本列島改造論」を打ち上げる、第 1 次田中角栄内閣成立（47・7・7）
・浅間山大噴火（48・2・1）
・フィリピン・ルバング島から元陸軍小野田寛郎少尉帰国（49・3・12）
・春闘史上最大のゼネスト600万人（49・4・11）
・ロッキード事件、強制捜査始まる（51・2・24）
・植村直己、12,000キロ北極圏犬ぞり横断成功（51・5・9）

〈世　相〉
・マイカー時代到来
・大気汚染、環境汚染社会問題化
・サラ金過酷な取立て、自殺、社会問題化
・パンダ、競馬ブーム
・歩け歩け運動始まる
・超能力オカルトブーム
・狂乱物価始まる
・リサイクル運動広がる
・カラオケブーム到来
・ジョギングブーム到来
・学習塾全盛

92

第9章　大阪支店と神戸支店、本店外国局
(昭和52年5月〜59年11月)

　昭和52 (1977) 年5月20日、私は大阪支店調査役に任命された。子供の教育の関係上、大阪へは単身赴任した。大阪に2年間、神戸に2年間、そして東京に3年間、この期間が私にとっては言わば日銀生活最後の時代であった。大阪では、まだ国際派の端くれの仕事が続いたが、神戸では、担当が一変し、初めて日銀の国内業務の一端に触れる機会を与えられた。

❀大阪支店の思い出

　大阪では外国課に配属された。主な仕事は、年2回の支店長会議資料の作成、為替管理局の業務、すなわち、輸入承認 (IL＝インポート・ライセンス)、輸出通関届および貿易外取引報告書等の書類審査である。大阪支店長は理事が兼務される。支店長会議資料の総まとめは営業課が行う。外国課は、関西地域の貿易事情の動きをまとめて、その資料を営業課に渡すわけだ。しかし、この仕事にはやはり一番神経を使った。

　為替管理関連の仕事は、言わば国際取引の事後審査である。税関との連携プレーが必要だ。輸入禁止品目が混じっていないか、未承認で輸入されたものはないか (これには、リスト規制、キャッチオール規制というものがあり、この網に引っかかる品目を探し出す)、武器、軍事転用可能品等の輸出、輸出禁止国への輸出等の有無のチェック等を、提出された書類を見て審査する仕事である。私個人は審査実務に手を貸すことはない。黙って皆さんの作業を眺めているだけである。たまに問題が発生すると、その報告書を上げてきた為替銀行の担当者を呼びつけて、い

わゆる事情聴取が始まる。込み入った事件になると引っ張り出される、このような1日が繰り返された。

❀ 神戸支店の思い出

昭和54（1979）年4月2日、神戸支店に転勤を命ぜられた。再び単身赴任が続いた。神戸は垢抜けした明るい町であった。大阪時代に住んでいた単身寮は神戸支店の目と鼻の先にある。しかし、管轄が違うのでまた引越しをせざるを得なかった。営業課に配属された。ここで初めて銀行相手の貸付業務、いわゆる日銀の中心業務を経験した。私の下に、H営業課長が頑張っておられた。この方は、その後、新潟支店長、仙台支店長を経て、新潟県の知事を3期務めた方である。ハスキーな声で歌がうまく、仕事は綿密、果断、部下からの信頼も厚く、女子職員に大もての課長さんであった。明るい職場は楽しかった。

神戸時代の思い出は二つある。一つは、神戸を訪問されたロイトビラ

55.5.12　Bundes bank エミンガー元総裁夫妻来日、左は筆者（神戸案内）

ー（F. Leutwiler）BIS総裁（スイス国民銀行総裁を兼務）とドイツブンデスバンクのエミンガー（Otmar Eminger）元総裁のご案内役であった。ロイトビラー総裁にはニューヨークで一度、そしてバーゼルのBIS本店で一度お会いしていた。本店からの名指しで私が総裁のお供をし、神戸港、三菱神戸造船所等を見学した。ヘルメットをかぶった総裁の笑顔が今でも頭に残っている。

いま一つの思い出は、貯蓄推進活動である。私は、貯蓄推進広報を目的とする講演を行うため兵庫県内の主要都市、日本海に面した浜坂、中部の豊岡、城崎温泉、瀬戸内海方面の加古川、姫路、淡路島の洲本、南淡等で下手な話を繰り返した。

貯蓄推進活動については、城山三郎氏の『小説日本銀行』にも詳しく紹介されている。

私なりに関わったこの運動のあらましを以下にまとめておいた。

❀貯蓄推進運動

終戦直後、インフレと飢餓に苦しむわが国において、"法王"と呼ばれた一万田日銀総裁は、全国を行脚し熱心に「救国貯蓄運動」を推進しておられた。凍てつく北国の寒村で、眉毛に雪を付けたまま村民に語りかける総裁の姿が『日本銀行職場百年』にも記録されている。この運動は、「日本経済の復興は国内にダブつくお札を吸い上げなければならない（インフレ抑圧）」という考え方が国民の間に自然発生し、これを衆議院が取り上げ、大蔵省、日本銀行が組織化し具体的な運動として展開したものである。

この運動は、GHQのドッジライン実施によりインフレが終焉するとともにピリオッドを打たれたが、その考え方は名称を変えてその後も長く続いて今日に至っていると推察される。しかし、この運動について現

在はメディアの話題にはまったく上らず、細々ながらまだ続いているのか、あるいは消滅してしまったのか不明である。以下、その浮き沈みを簡単に振り返ってみる。

● 衆議院の動き

昭和21年10月（1946）　「通貨安定対策本部」を設置。救国貯蓄運動を開始した。

昭和24年（1949）　この本部は、ドッジラインの荒療治によりインフレが終焉するとともに解散した。

● 貯蓄増強中央委員会の動き

昭和25〜6年（1950〜51）　しかし、この運動の精神は「日本経済の自立、復興、発展のための貯蓄奨励」として地方公共団体に引き継がれ、自発的に「地方貯蓄推進委員会」が設置され始めた。

昭和27年（1952）　これをまとめる形で日銀内部に「貯蓄増強中央委員会」が設置された。

構成メンバーは次のとおり。

学識経験者

消費者団体

大蔵省

文部省

日本銀行

昭和63年（1988）　「貯蓄増強中央委員会」は「貯蓄広報中央委員会」と名称を変え、より幅広い「金融広報活動」として再出発した。この活動の目的は次の三つである。

① 金融経済情報の提供

② 生活設計の奨励

③　金銭教育の普及

平成13年4月 (2001)	「金融広報中央委員会」と改称
平成19年 (2007)	金融広報中央委員会の愛称を「知るぽると」と決定した。

●大蔵省の動き

昭和24年 (1949)	財務局金融係が貯蓄運動関連事務を担当
昭和32年 (1957)	貯蓄推進本部を設置
昭和44年 (1969)	大蔵、自治両省の共同通達「地方公共団体における貯蓄奨励事務の推進について」が発出された。
昭和54年 (1979)	銀行局貯蓄奨励室、新設された金融取引管理官に分掌事務を引き継いだ。
昭和63年 (1988)	貯蓄推進本部から金融情報センターに事務を引き継いだ。 財務局は、日銀とともに年1回、「全国貯蓄運動推進会議」を、また、全国数カ所で「地方別貯蓄運動推進会議」を開催し、国民一人ひとりが貯蓄心を持ち、将来を展望した合理的な生活設計を身に付けることを奨励した。

●日本銀行の動き　日銀は、一貫して上述した各委員会の事務局を務めた。組織上の動きは以下のとおり。

昭和24年4月 (1949)	貯蓄推進部を開設
昭和27年	貯蓄増強中央委員会の事務局となる

(1952)

昭和37年　　「貯蓄推進だより」を発行
(1962)

昭和56年3月　貯蓄推進局と改称
(1981)

昭和61年6月　貯蓄情報室を設立
(1986)

平成2年5月　情報サービス局を設立
(1990)　　　貯蓄情報室の機能を含め、より広範な情報活動を行うことを目的とする。

本店外国局

　昭和56（1981）年11月、外国局転勤の辞令が出た。業務課の席に座って、局内の空気、仕事の雰囲気、人の顔ぶれがまったく変わっているのに一驚した。ニクソンショック以来吹き荒れた台風は去り、その爪跡はまだところどころに残っていたものの、国際通貨情勢はすっかり落ち着きを取り戻してきていた。残された爪跡は二つあった。変動相場制の定着と、米ドルの地位低下（円高傾向）である。ただし、ドルの相対的地位低下と言っても、本当に低下してきたのか、と私は疑問に思う。金の保有量、依然として保たれている米ドルの基軸通貨（もっとも利用される通貨）としての地位の2点から見るとドルは依然として世界に君臨している、と私は考えている。ドルの地位低下については、もっと長い目で見る必要があるのではなかろうか。

　静かな3年間が過ぎつつあるある日、私は人事部次長から呼び出しを受けた。いわゆる肩たたきの始まりであった。

❀本章の結び

　昭和52（1977）年、私は調査役に昇進し大阪支店外国為替課に配属された。仕事は主として国内向けの為替管理業務であった。課長はヒステリックな方ですぐ怒鳴りまくる。課員は白ける。私はサンドイッチのキャベツよろしく、もっぱらなだめ役。調査役の仕事は調整役か、と思った。

　このポストはいつから始まったのか。総務人事局の友人に聞いてもわからない。『日本銀行職場百年』（下巻）には、昭和12年（池田成彬総裁）にすでに存在していたことが記されている。このポストは平成16年に消滅した。調査役の格は現在の企画役に相当する、本店および大阪支店（支店長は理事が兼任）では、次長、課長、調査役、係長となっており、その他の支店では、支店長、次長、調査役、課長の順である。警視庁のランクと比べるとノンキャリの警察官の終着駅、「警視」に相当する。それでは、兵隊が調査役にたどり着くのには何年ぐらいかかるのか。私の場合はちょうど30年かかった。東大経済学部卒、日銀入行のＳ氏、この方は36年かけている。最後が事務所長。このような例もあるが、通常ではエリートは20数年で調査役となる。

　2年後、神戸支店に転勤となった。本店に戻る願望は砕かれた。人事雀いわく「本店外為局の課長さんで、お前さんを使いこなせる人がいるかよ」と。

　神戸は重工業地帯の中心地。港、三菱重工、造船所など活気にあふれた町であった。ここで、エミンガー元ドイツブンデスバンクや、ロイトビラー国際決済銀行総裁ご夫妻のご案内役をおおせつかった。ロイトビラー総裁にお会いできたのは3度目、覚えていてくださり、婦人はホステス役で呼んだ娘と手を繋ぎ、仲良く歩いておられた。

神戸支店では、初めて国内の業務を担当し、奥の深さ、守備範囲の広さに学ぶところが多かった。課長さんのポストでH氏が活躍されていた。仕事は速い、部下の統率力は抜群、歌唱力はプロ並みの方であった。後の新潟県知事である。

　もう一つ忘れることのできない思い出として、貯蓄推進運動がある。昭和21（1946）年に組織化され、『小説日本銀行』でも取り上げられた運動である。私は、この萌芽は、昭和18年のアッツ島、19年のサイパン島の玉砕を偲び、日銀内で設けられた俸給3割強制貯蓄の「仇討ち貯金」ではないかと考えている。私は、この運動で風光明媚、食べ物のおいしい兵庫県内をくまなく歩き回ることができた。

●忘れられない出来事●

コカコーラ

　占領軍は日本の外貨経理事務を日銀にやらせようとしたが、大蔵省がこれに反対、結局、自らがこれを引き受けその実務を日銀に押し付けるという形で折り合った。その実施機関として千代田区九段にあった大橋図書館（日銀が購入）の建物が改造され、そこにGHQ、大蔵省、日銀外国為替局の関係課が移転することとなった。これが当時、日銀九段分館と称され、昭和24（1949）年11月から業務を開始した。日銀外国為替局の職員の一部が派遣された。※私は事務打ち合わせのためよく本店と九段分館の間を行き来した（九段分館は後年、日本債券信用銀行の本店となった）。

　　※外国為替管理委員会（FECB）は、昭和24（1949）年3月16日創設、昭和52（1977）年8月1日廃止。この間、外国資金の管理・外国為替政策の立案等をめぐり大蔵省と通産

省との間に権限争いが発生した。

　この、GHQ・日銀・大蔵混在部局にGHQの通訳「岩瀬某氏」が勤務していた。若く、小柄で捷(はしっこ)く、GIの制服が似合う好青年であった。私はすぐ仲良しになった。当時、九段分館の入口の広場の片隅に、コカコーラの自販機が置かれていた。日本人は利用禁止。当時、コーラは「スカッとさわやか（＝Refreshing and Uplifting）コカコーラ」と称され、コインを入れるとゴツゴツした厚いガラス瓶がごろんと出てきた。日本人は生唾を飲んでいた。岩瀬氏は、私の顔を見るとすぐコーラをご馳走してくれた。今、コーラを口にすると当時の彼の風貌（GIの制服）と甘酸っぱい味が思い出される。

時代小史（昭和52年5月〜59年11月）

〈主な社会の動き〉
- 日中平和友好条約調印（53・8・12）
- サッチャー英首相（鉄の女）来日・東京サミット（54・6・28）
- ソニー、ウオークマン第1号発売（54・7・11）
- 三宅島雄山大噴火（58・10・3）
- ロッキード事件有罪判決、田中元首相懲役4年、追徴金5億円（58・10・12）
- 植村直己、マッキンリー冬季単独登山成功、下山途中行方不明（59・2・18）
- グリコ・森永事件発生（59・5・9）

〈世　相〉
- 嫌煙運動広がる

- ファミリーレストラン盛況
- 校内暴力、家庭内暴力台頭
- ジャズダンスブーム
- エアロビクスダンス人気
- ゲートボール、熟年レジャー台頭
- パソコン、ワープロ急速に普及
- ディズニーランド開園
- 国民の間に、レジャー志向芽生える

第10章　日銀からクレジットカード業界への転進（昭和59年11月〜平成6年10月）

❀VISA インターナショナルへ転進

（昭和59（1984）年11月〜平成元（1989）年5月）

●なぜカード業界へ？

　現在クレジットカードの発行枚数は3億2,213万枚（月刊消費者信用2012年9月号）、成人人口1人あたり3枚強である。光熱水道費はもちろんのこと、税金さえもカード払いができる時代となった。カード業界は今や国民生活にしっかりと根を張ってきた。しかし、私がカード業界に転進した頃は、「クレジットカード」はようやく誕生したばかりで、カードを持っている人はごく一部の金持ち階級に限られていた時代であった。

　そのような時、「なぜ日銀から当時、海のものとも山のものともわからないカード業界に転進したのか」と私はよく尋ねられる。うまく答えることができないが、「日銀での仕事がいつのまにかカードへとつながっていたのではなかろうか」、と考えている。人事解説を得意とする某先輩の話を参考にして、転進の理由をまとめると、次の7点に絞ることができよう。

① 人事部次長の説得力
② 若干の英語力とアメリカでの人脈
③ 生まれながらの幸運、切所での救いの手
④ 耐久力、鈍と根とに裏打ちされた打たれ強い体力
⑤ 新しい職場を求めるチャレンジ精神

⑥ 「お前さんはこれまで好き勝手なことをして人事部を困らせてきた。そろそろ恩返しする潮時ではないか」という人事雀の一言
⑦ 近江商人のいう「三方よし」、つまり人事部よし、VISAよし、本人よし

● 日銀退職

　私は昭和58（1983）年、いわゆる肩たたきを経験した。人事部次長に呼び出され、開設したばかりのVISAインタナショナル東京事務所への転出を打診された。「アメリカのVISAインターナショナルが日本カード業界の舵取りのため日本へ進出してきた。仕事の内容は初代日本代表の古谷九八郎氏の補佐、東京事務所の構築だ」、というご説明であった。古谷代表からの直接のご指名によるとのこと。同氏の日銀内での最終ポストは「検査役」、日銀内部の不祥事を取り締まる役。警察庁の首席監察官に相当する。「頭がすごくよく、猛烈に厳しく怖い人、そして酒飲み」との評判があり、「敬うべし、されど近寄るべからず」と噂されていた方であった。

　即座にお断りした。しかし次長は粘った。「日銀退職の方法には四つある。①は、指名されてこれに応じる、②は、自分で転職先を開拓する、

1984.9　日銀正面玄関

③は、人事部に任せる、そして④は、定年まで残る、だ。勿論①が一番よい」、「クレジットカードはこれから成長する世界だ、この新しい職場でもう一度頑張ってみないか」との次長のご説得についに根負け、3週間の猶予をいただき、「カードとは」の模索が始まった。得意の国会図書館通い、あるいは当時 AMEX 銀行東京支店長の福田龍介氏（小生が外銀在日支店の担当をしていた時、米銀バンカーズトラストの東京支店長）のご紹介を経て、軍艦ビルの AMEX カード部長さんをお尋ねもした。VISA への転出に迷った男が、こともあろうに、ライバル会社の AMEX へのこのこと飛び込んで講義を請うわけである。知らない人は勇敢である。部長さんはさぞ驚かれたことであろう。紙面を借りてお詫びしたい。結局私は退職を決意した。

● **新世界での再挑戦**

　私のカード業界遍歴が始まった。初めは臥薪嘗胆（がしんしょうたん）の日々であった。クレジットカードの知識ゼロからの出発であった。しかし、英語とアメリカでの経験が早速役に立った。最初の仕事は海外事務所の開設と同じ。日銀の大部屋と異なり、帝国ホテルのインペリアルタワーの広い個室に女性秘書さんと2人で落ち着いた。業界の動きも見えてきた。

　ここで一寸脱線して、この業界の体質を述べておこう。あの頃のカード業界、特に業界を代表する「VISA ジャパン」（昭和58（1983）年9月設立）は、住友銀行の後ろ盾で銀行色が強く、排他的であった。ただ、業界内部の結束は固く、日本古来の風習を守り、国際的視野に欠けていた（いま流行の言葉で言えば典型的な「ガラパゴス現象」）。国際ブランドの VISA や MasterCard の世界的普遍性、統一性そして開放性と真っ向から対立する点が多く、旧為管法の存在や関連取締法もない不備なカード環境と相まって、業界の国際化は前途多難の感を免れなかった。この成り行きを心配して、米国の VISA 本部が東京に VISA インター

ナショナルの東京事務所を開設し、古谷氏に舵取りを頼んだわけである。
　VISAジャパンとVISAインターナショナルとの間で猛烈なせめぎ合いが始まった。何としてもガラパゴス現象を食い止めることが古谷氏と私に課せられた至上命令であった。日本的なVISAジャパン協会と国際的なVISAインターのせめぎ合いであった。頑固な日本丸のドテッ腹に打ち込むべく古谷氏が用意した魚雷は4発、①VISAジャパンの解体提案（これはさすがに実現できなかった）、②クレディセゾン、日本信販、ダイエーのノンバンクカード会社のVISA参加を認めるスペシャル・ライセンシー制度の導入、③銀行の仇敵郵貯カードとの連携、そして④MasterCardメンバーにVISAブランドを認めるデュアル・ライセンス付与の四つであった。私はもっぱらVISA東京事務所の体制づくりとこれらの爆発した魚雷の後片付け、そしてカードの勉強に毎日を費やした。この間のごたごたについては、別の機会に述べることにしたい。

●ソウルオリンピック

　1988年9月17日〜10月2日の間、ソウル特別市で第24回ソウルオリンピックが開催された。「史上最悪のオリンピック」と評された大会である。確かに、聖火台で生きた鳩が炎に包まれる光景、ボクシングコーチのレフェリー殴打事件、「盗まれた金メダル事件」等をこの目で見た。しかも、「金賢姫事件」（大韓航空機爆破事件）はソウルオリンピックを中止させる目的で北朝鮮が仕掛けたもの、という噂まで撒き散らされた大会でもあった。

　この大会を私は初めから終わりまで見物させてもらった。VISAインターナショナルがオリンピックのスポンサーの一員であったからである。VISAは世界で初めて導入したATMをこの大会で展示した。ボタンを押すとお金が出てくる、見物人で一杯になった。「あの箱の中には人

1988.9.14〜10.04　ソウルオリンピック（VISA オフィス前にて）

が座っている。暗証番号と金額が打ち込まれると中の人間がそれを確認し、お金をそろえて札の引出口に差し込む」と皆がささやいていた。

● VISA 退職

5年後、私は自分で作った東京事務所の職員内部規定の定めに従って、定年（60歳）退職を申し出た。古谷氏から「あと3年位は残って欲しい」とのお言葉があったが、「この内規は自分が作りました。その内規を自分が破るわけにはいきません」と頑強に言い張って退職を認めていただいた。

退職の理由は三つ。第1は、外資系企業を経験された方はご存知のはずであるが、この世界はポスト漁りが激しく、「年収いくらでこのポストを」と自薦他薦の人々が時ところをかまわず売り込んでくる。VISAインターナショナル東京も例外ではなかった。少し落ち着いてきたらいつの間にか、米国やシンガポールから赤の他人が乗り込んで私の領域を侵し始める。彼らのやり方が汚い、そういう雰囲気に私は嫌気がさしてきた。第2は、仕事への取組姿勢。日本のカード会社は生まれたばかり。世界のあらゆるカードのルールをゼロから理解しなければならない。たとえば、VISAが世界に誇る「他通貨決済制度」は、チンプンカンプン

107

の仕組みであった。これを日本のメンバーに説明するには、まず自分が理解する必要がある。疑問の点は本部に電話して徹底的に教えてもらう。わかった段階でメンバーの質問を聞き、その場で答える。メンバーさんもこの私のやり方に共感を覚えてくださったらしい。次第に敵・味方の意識が薄れ、仲良くなってきた。しかし、東京事務所に配属されてくる外人は、私のこのやり方に従わない。メンバーの質問はそのまま本部に投げ出す。そして返事がくると英文のままそのコピーをFAXする。回答時間が遅れ、無回答のケースも増えてきた。私はその雰囲気に嫌気がさしてきた。

　第3に、VISAジャパンやその他の銀行系カード会社の陰湿な抵抗（イジメともいうべきか）、私1人にあらゆる後始末を押し付けて「後はよろしく」とさっさと帰宅（酒席）してしまう上司のスタンス。もう十分働いてきた。あとは家族と「のんびり」したいという願いが強くなった、であった。

日本信販へ入社

（平成元（1989）年6月～2（1990）年9月）

　やれやれと、自分の部屋で荷物整理をしていると、そこにひょっこり顔を出されたのが日本信販の松田企画部長さんであった。「古谷氏からご了解を得ました。当社に来て仕事を手伝ってください」とのお申し出があった。どこで私の退職を嗅ぎ付けられたのか。退職願受領後30分のことであった。

　松田氏は、カード業界で西も東もわからない私を導いてくださった方の1人である。スペシャルライセンシー問題でも、銀行系、信販系、郵貯系というバカバカしい壁に苦しみ苦労をともにした"戦友"でもあった。肩書きは「参与」。

❀日本信販へ入社

　日本信販株式会社は昭和26（1951）年に設立されたわが国最大手の信販会社であった。昭和62（1987）年にVISAとMasterCardからカード発行権と加盟店獲得権を取得し、日本信販国際カードを発行、翌年国際カードビジネス協会を設立し、クレジットカード業務に乗り出した。その後、読者もご存知のとおり、平成17（2005）年に三菱東京UFJ銀行の子会社となって現在に至っている。
　私の当面の任務は、同社におけるカード業務、特にチャージバックとセキュリティ部門の強化であった。
　チャージバック、セキュリティ業務というものは、両者ともカード業界における土台となるもので、地味ではあるが、この部門がしっかりしていないと顧客との信頼関係が崩れてしまう。本章末尾の「忘れられない出来事」欄の拙著の中で詳しく述べているが、チャージバック制度は一言でいえば、カード会社相互間のけんかのルールである。
　カード会員（一般の消費者）は国の内外でカードでいろいろな買物をする。商品が届かない、欠陥商品をつかまされた、身に覚えのない請求書を突き付けられた、などなど様々なクレームがカード会社に集まってくる。これをどう裁くか。カード会社は取引の内容を１件ずつ調べて、クレームの原因を追跡し、相手方のカード会社に調査を依頼し、ケースバイケースで相手方に返金を依頼する。相手方が返金に応じない場合がある。ここで会社相互間で「けんか」が始まる。この、けんかを一定のルールに従ってやってくれ、というのがVISA、MasterCardが定めたチャージバックのルールである。複雑であるが極めて面白い（この点は拙著『インターネット＆クレジットカード犯罪・トラブル対処法』226頁以下に詳しく説明している）。
　カード犯罪の対策、セキュリティも難しい仕事だ。カード会社は、カードそのものに犯罪対策方法を組み込んでいるが、増加する犯罪手口に

はとても追いつけない。彼ら犯罪者も必死であの手この手と新しい悪巧みを考え出してくる。場合によっては、店頭で警官と犯人の取っ組み合いも起こることがある。私が入社した時、セキュリティ部門でお会いした部員はすべて柔剣道・空手の黒帯保持者、体育系の猛者ばかりとお見受けした。電子的に犯罪者を事前に察知し対策を講じる、などの仕組みを説明しても、反応はにぶく、「こりゃイカン」と腹をくくったしだいである。

　日本信販の職場の雰囲気はとてもよかった。部員の皆さんの勉学態度、熱心な質問、休み時間での明るいおしゃべり、VISA時代とはまったく違う日々で毎日の通勤が楽しかった。チャージバックは一種の頭脳ゲームである。ルールそのものを考え出した外銀カード会社の担当者を向こうに回して戦いを挑むのは骨が折れた。大人と子供のけんかである。10件のうち8件はまず当方の負け、しかし、そんな状態の中で、一つの大きな苦情申し立てのケースがあった。知恵を絞って玉を打ち返すうちに妙案を思いつき、試してみたところうまくいった。相手方が降参し、当社の担当者は皆凱歌を上げた。しかし、このような楽しい日々は長く続かなかった。ある日突然、福田龍介氏の来訪を受けた。

❀MasterCard インターナショナルへ転進
（平成2（1990）年10月〜6（1994）年10月）

●MasterCard インターナショナルの対日進出

　日本信販に入社してから約1年経った頃、MasterCard インターナショナルの初代在日代表、福田龍介氏が突然日本信販社の受付に来られた。前にも一寸触れたが、氏は、私が日銀で在日外銀東京支店の担当をしていた時、Bankers Trust Co. 東京支店長で活躍されていた方であり、また、日銀でカード業界転出の肩たたきにあって迷っていた時、AMEX

カード部長さんに紹介してくださった方でもある。当時、在日外国銀行の活動に対しては厳しい規制が続けられており、特に米銀には手かせ足かせが加えられ、在日外銀の不満は大きかった。福田氏は規制ぎりぎりの曲芸飛行を得意とされ、取締りの立場にある日銀としてはしばしば眉をひそめることが多く、この業界では「Mr. Fukuda」として知る人ぞ知る（notorious）の存在であった。

この福田氏から、「今度、MasterCardインターナショナルが東京に進出する。在日副代表として私を助けて欲しい。日本信販の山田社長には私からお願いする」とのお誘いを受けた。

日本信販での仕事のお膳立ても順調に進んできており、職場の居心地はよく、皆さんとも仲良くなり去りがたいところであったが、福田氏のお誘いも断り難く、もって生まれた血が騒ぎ、お受けすることとなった。日本信販側が快く同意してくださったことにいまでも相すまなく、有難く思っている。

MasterCardでの仕事は、VISAの場合とほぼ同じであった。VISAの場合と異なりMasterCard Japanの解体はうまく運ばれたが、もう一つ別の厄介な仕事が待っていた。わが国にクレジットカード犯罪が登

1991.1.8　MasterCard東京オフィス開設当時のメンバー（左から2番目が筆者）

場してきたことであった。この問題が世間の注目を浴び、その対策の必要性が叫ばれるようになったのは平成２（1990）年頃からであった。これに対処するため、MasterCard インターナショナルは急遽私を日本の Security Officer に任命、私はこの問題に真正面から取り組むこととなった。

●セキュリティ・オフィサーの思い出

　MasterCard インターナショナルは、主要国に Security Officer を配置する防犯体制を設けていた。Security Officer は高度の機動力を駆使し、インタポール（ICPO、国際刑事警察機構）や米国の Secret Service（SS）や Central Intelligence Agency（CIA）とも連携しながらクレジットカードの偽造等の不正行為に対処している。SS は、米国財務省検察局の猛者からなる。禁酒法時代にアル・カポネと死闘を演じたアンタッチャブルの流れを汲む。

　一方、CIA（アメリカ中央情報局）は、大統領直属の情報収集・政治工作、偽造紙幣対策のプロ集団であり、旧ソ連邦の秘密警察 KGB と並び称されている。両者とも、北朝鮮の偽ドル紙幣作りやイラク戦争での捕虜尋問に出没していることは皆さんご存知のとおりである。私は不思議と彼らと仲良くなり、"Hey, Tak" と呼ばれていろいろと面白い話を聞かされたものだった。

　私がクレジットカード関係の解説書を書くに至った動機は、この Security Officer 時代に芽生えた。日本人の人の良さが海外のカード暗黒街の連中に悪用されている事実をこれでもか、これでもかと見せつけられ、微力ながら何とかしなくてはと考えたのが後日『クレジットカード犯罪・トラブル対処法』と『クレジットカード用語事典』を執筆するきっかけとなったわけである。便利なカードの裏に潜む限りないリスクを、もっと一般の消費者に知ってもらいたいという意欲が、この時代に

かき立てられたといって過言ではあるまい。

　平成 2（1990）年頃、私は Security Officer として拳銃操作を含む厳しい特訓を受けた（この特訓の中で、日本では役に立たないピストル射撃が最も面白かったことを白状しておく）。研修は現場主義で進められ、度重なる出張でダブル時差ぼけの洗礼（体内時計の狂い）を受け、電話帳のような横文字の資料を与えられ、寝不足で何回か救急車のお世話になったこともあった。約 2 年間にわたる研修内容は、カード犯罪の手口とその割り出し方、オーソリ制度を活用する防犯体制、ATM 対策、チャージバック、偽造カード、暗号、等々、多岐にわたっていたが、これらは逐一翻訳して、メンバーに伝えることも仕事の一つであった。

　この時期、私はカード犯罪の巣窟と言われた香港へよく行った。香港の警察は、地元中国の警察組織とオーストラリア出身者で固めるロイヤルポリス組織との二重構造で出来上がっている。そこで仲良くなったのが香港ロイヤルポリスの M 氏であった。M 氏は、寿司を好む愉快な男

MasterCard セキュリティ会議：1992.1.7　メキシコ　グアダラハラにて

であった。ある日、ビルの地下室（ボイラールーム）に巣くうカード偽造犯の逮捕に同行し、活劇を目の前で見る機会を得て、貴重な経験を加えることができたが、これも M 氏の尽力によるものであった。「奴らに（カード犯罪者に）米と魚を」が彼らのモットーであった。私が日本人であることを思い出した M 氏は、「腐った米と魚だよ、寿司ではないよ」と言って私に振り返りニヤっと笑った。カード偽造団の隠れ家に踏み込む時、私は彼に同行を頼み込んだ。初めは渋ってなかなか「Yes」と言わなかったが、ついに説得、「絶対に俺の前には出るなよ」と言われ、おそるおそるピストル片手に彼の背中に張り付いたが、残念ながら隠れ家はもぬけの殻であった。ビルの地下室、水道管、電気コード、下水管等が這い回っている中で、粗末な机の上に電話機が 2 台、ねじ回しや鋏、その他の商売道具や生カードが散乱していた。

　セキュリティオフィサーの研修は、世界各地で開かれ、その結果、私は海外景勝の地を訪れることができ感謝している。

　セキュリティオフィサーの仕事は大変だがやりがいがあった。東京で 10 数回にわたって、メンバーを招待して、セキュリティの講義を行った。日頃集まりの悪いメンバーも、ことセキュリティとなると用意した席が足りなくなるような盛況となった。

●広島アジアスポーツ大会

　平成 6（1994）年 10 月 2 日～16 日にかけて広島でアジアスポーツ大会が開催された。

　MasterCard はスポンサーの一員となった。私は MasterCard の代表としてこの間広島に滞在した。サッカーの神様といわれるペレと握手した写真、彼の署名入りサッカーボール等、懐かしい思い出となった。本場のお好み焼きも十分堪能できた。

❂ エピソード

●クレジットカード幽霊伝票の怪

　クレジットカード業界と郵貯カードとの結びつきは、昭和59（1984）年、日本信販が「日本信販・郵貯ジョイントカード」を発行した時に始まった。銀行業界が「郵貯肥大化反対」、「官の民業圧迫阻止」と叫び続けてきたことは皆さんよくご存知のとおりである。VISA インターナショナルは、この提携カードに VISA ブランドを付与した。VISA インターナショナルと日本信販に対する銀行界の反発は熾烈なものがあった。

　カードには16桁の番号が刻印されている。カードの発行会社やカード会員を識別するためだ。この番号を決済機関である VISA ジャパンのコンピューターが読み取ってカードの売上伝票を企業別に振り分けて決済処理を行う仕組みとなっている。ところが、お冠を曲げた VISA ジャパンは、この郵貯カードの番号をコンピュータに登録することを拒否する挙に出てきた。決済システムの流れ作業台からはじき出された郵貯カードの売上伝票はゴム紐で束ねられ、毎日ごっそりと VISA インターナショナル東京事務所に届けられた。これを１件１件肉眼で仕分けして読み取り、手数料等を算盤ではじき出す作業が私の仕事に加った。「コンピューター vs 手作業」の壮烈（？）な戦いであった。毎晩深夜作業が続いた。

　今日の銀行と郵貯とのスムーズな関係をみて、何とも複雑な気持が今でも湧いてくる。

●旧為管法のもとでの悪戦苦闘

　旧為管法は、一般の人たちの外国との取引を厳しく制限し要許可扱いとしていた。クレジットカードを使う取引では、①国内外のカード会社が債権債務を相殺すること、②外貨建て預金を開設すること、③国内で

ドル建て取引を行うこと等3点が規制されていた。VISAジャパンに属する銀行系のカード会社は大蔵省（MOF）の指導（やや乱暴・杜撰な指導があり見落とした点もいくつかあった）の下、必要な許可を取ってきていた。しかし、前述したスペシャル・ライセンシー問題に絡んで、この指導・許可の中味が表面化し、新メンバーには厳しいスタンス、銀行系カード会社には手落ちを不問とするMOFのやり方に対し新メンバーが反発し、MOFとの交渉にあたった私はいわゆるサンドイッチとなって苦労した思い出がある。

●クレジットカード取締法の抜け穴

クレジットカード取締法の抜け穴と称された分野は、いまではおおむねふさがれたようであるが、以前は野放しの局面が多々存在していた。不良分子がこれに目を付けて日本に押し寄せカードの不正行為に励みだした。どんな抜け穴を突いてどんな不正行為が跋扈したのか、やや固い話となるが参考までに下表で簡単にまとめておきたい。

犯行の種類	発生時期	取締法制定時期	空白期間
CD荒らし	1981	刑法1987	6年間
パチンコカード偽造	1985	前払い式カード規制法1989	4年間
集団密入国	1990	出入国管理法1997	7年間
資金洗浄（マネーロンダリング）	1993	組織犯罪処罰法2000	7年間
		新外為法2001	8年間
		本人確認法2002	9年間
カード偽造等	1985	刑法2001	6年間
ピッキング	1998	ピッキング規制法2003	5年間
ヤミ金融	1998	ヤミ金融規制法2003	5年間

●チャージバック

　チャージバックの制度については拙著にて詳しく説明しているが、とにかく、この制度は日本に初めてもたらされたものであり、メンバーの皆さんも、説明する立場に立たされた私にもまったく未知の制度であった。本部の研修に呼ばれて猛勉強が始まった。帰国後、数回の説明会を開き、本部から専門家を日本に呼び寄せて説明会を開いてもらい、なんとか切り抜けた。冷や汗のかきどおしであった。

　しかし、この時の猛勉が、後日、日本信販およびMasterCard時代に花開くこととなった。

　　※『インターネット＆クレジッカードの犯罪・トラブル対処法』
　　　227頁以下

※本章の結び

　神戸支店在籍2年後、私は本店外国局に転勤となった。4年前の様相は一変し、局内の空気の静かなことに驚いた。私の時代は終わったとつくづく思った。3年間、おとなしく座っていたら人事部次長さんから呼び出された。いわゆる肩たたきであった。

　一寸脱線するが、私はカード嫌いで有名であった。日銀内では、数年前から行内貯金制度が近代化されて貯金の出し入れはカードでOKとなったが、カードへの切り替えは強制的ではなかった。私は、数少なくなったcard、no thank you派の一人であった。その「カード嫌い」がなぜ「カード屋」になったのか。われながら不思議である。

　その理由は、①変えることを嫌う学歴社会でこり固まった日銀が、よくこれまで私のわがままを許してくれた。この辺で消えてなくなれば、人事部の頭痛の種が一つ消える、恩返しになるという思いと、②持ち前の好奇心、の二つであった。

カード業界に入り、しばらくは学歴社会からの開放感に浸っていた。その後の悪戦苦闘や数々の新体験については、すでにこれまでに出版した拙著で詳しく述べた。業界のガラパゴス化を食い止め得たことにひそかな誇りを抱いている。

●忘れられない出来事●

これまでに出版した本のこと

平成6（1994）年5月、私はMasterCard International を依願退職した。日銀からVISA International へ転職したのが昭和59（1984）年11月であったから、約10年間クレジットカード業界にどっぷりはまりこんで悪戦苦闘、いろいろのことを学ぶことができた。さすがの私も過労のためか体調を崩し、退職後しばらく静養を余儀なくされたが、その後ある業界の親睦会で、平成5（1993）年4月にベルリンで開かれたMasterCardのセキュリティ・セミナーで名刺を交換した金融財政事情研究会の「月刊消費者信用」編集長の広田稔氏に再会、同氏からのお誘いを受けて、これまでカード業界で学んだことを、平成8（1996）年6月から月1回のペースで同誌に投稿することとなった。この作業は、私の記憶が正しければ確か平成15（2003）年12月まで7年間ほど続いた。この連載記事が、今度は民事法研究会の代表取締役・社長の田口信義氏の目にとまり、平成15（2003）年2月に『クレジットカード犯罪・トラブル対処法』の題名で単行本を出版することができた。以降、私の執筆活動が続き、民事法研究会の手で以下のとおり7冊の単行本を出版してきた。

これらの本の中には、クレジットカードとインターネット関連の基礎知識がすべて織り込まれ、詳しく説明されている。興味がある

※本章の結び

方はぜひ一読されたい。読者層は、主として、カード業界、弁護士、司法書士、消費者行政関係者の方々である。

① 『クレジットカード犯罪・トラブル対処法』 平成15年2月5日
② 『クレジットカード犯罪・トラブル対処法』（改訂増補版） 平成17年7月23日
③ 『クレジットカード用語事典』 平成18年9月6日
④ 『クレジットカード用語事典』（改訂増補版） 平成20年5月30日
⑤ 『インターネット＆クレジットカードの犯罪・トラブル対処法』 平成21年10月13日
⑥ 『クレジットカード用語事典』（第3版） 平成23年2月16日
⑦ 『サイバー犯罪対策ガイドブック』 平成24年5月17日

以上の執筆活動を通じ、いろいろな業界・企業から、「クレジットカード部を開設したい」などの要望があり、講演、セミナーの依頼がきて、当時の各企業のカードへの関心の深さに改めて一驚した。一方、メディアから「クレジットカード業界の語り部」という面映いあだ名を頂戴した。

時代小史（昭和59年11月～平成6年10月）

〈主な社会の動き〉
・日航ジャンボ機御巣鷹山墜落（60・8・12）
・東京外為市場、円高急速に進む、1ドル150円突破（62・1・19）
・日本初の屋根付き野球場、東京ドーム完成（63・3・17）
・リクルート事件発覚（63・6・18）
・昭和天皇崩御、閣議新年号を「平成」と決定（64・1・7）

- 大学入試センター試験スタート（2・1・13）
- 本島等長崎市長銃撃（2・1・18）
- 天皇即位（2・1・23）
- 大阪、「花の万博」（2・4・9）
- 湾岸危機（2・8・2）
- 国連安保理、イラクへの経済制裁決議（2・8・6）
- 新東京都庁舎完成（2・12、3・4・1業務スタート）
- 日本人宇宙飛行士秋山豊寛さん、ソ連のソユーズTM11号に搭乗し宇宙へ（2・12・2）
- ゴルバチョフソ連大統領、初来日（3・4・16）
- 日本人宇宙飛行士毛利衛さん、米国のエンデバー号に搭乗し宇宙へ（3・9・12）
- 佐川急便献金疑惑事件、金丸信議員辞職（4・9・28）
- エリツィンソ連最高会議議長来日（5・4・18）
- サッカーJリーグ発足（5・5・15）
- 皇太子殿下、小和田雅子様とご結婚（5・6・9）
- 北海道南西地震、津波発生（5・7・12）
- 東京レインボーブリッジ開通（5・8・26）
- 松本サリン事件発生（6・6・27）
- 記録的猛暑、水不足深刻化、米不足、大量の外米輸入（6年夏）
- 大江健三郎ノーベル文学賞受賞（6・10・13）

〈世　相〉
- 小中学校、イジメが大きな社会問題となる
- 地上げ屋暗躍
- 高級車ブーム到来
- バブル経済崩壊の兆し現れる

終章　エピローグ

❁木曽の御嶽山

　フルブライトの合格通知をもらってしばらくたったある日、山登り好きな友人から秋深い御嶽山に登らないかと誘われた。もう1人の先輩を加え3人で週末に出発した。御嶽山は「夏でも寒い」とうたわれる標高3,067メートルの複合成層火山の独立峰。西日本では標高3,000メートルを超える山として最も高い山である。無事頂上を極めた。

　下山にかかった頃はすでに薄暗くなっていた。道に迷った。雨が降り出した。暗闇の中を懐中電灯を手に同じ所をぐるぐる歩き回っていたようだ。疲れがひどく、どうにもならずにビバークすることとし、手で浅い穴を掘り、3人で固まり、ザックを頭にかかげて座り込んだ。食べ物、飲み物は十分にあったが食欲はなかった。眠り込まないようにお互いに怒鳴り合い、ビンタを張り合いながら一夜を過ごした。猛烈に寒く、眠たかった。低体温症、疲労凍死、一歩手前の状態であったが持ちこたえた。

　翌朝、無事日銀の山小屋にたどり着いた。「おばさーん、帰ったよ！寒かった、風呂、風呂‼」と叫びながら風呂に飛び込み生き返った気持がした。風呂場から出ると、廊下のまっすぐ先に玄関がある。眼鏡をはずしているのではっきり先は見えない。なにか人影がある、しかも大きいのと、小さいのとが立っている。この2人が私に突進してきた。妻子であった。それからが大変な騒ぎになった。前日、山小屋のおばさんが、予定どおり帰ってこないことを支店に通報したので、支店の山岳部の猛者たちが山小屋に駆けつけてきた。皆からお小言の集中攻撃を受けた。

終章　エピローグ

翌月曜日、店ではお偉いさんから再び厳しいお叱り。「フルブライトでもうすぐ渡米する奴が何たることか、死んだらどうするか」と怒鳴られた。

日銀時代の畏友

日銀には37年間の勤務をしたが、私の行内における交友範囲は必ずしも広いとは言えなかった。しかし、その中で出会った2人の方をここで紹介しておきたい。お2人ともいわゆるエリート組ではない。しかし、客観的に見て、その人格、学識、経験は十分に一定の組織を動かす力を備えられていた。私は他の部局の方々は余り存じ上げていないが、日銀にはこれらお2人と匹敵、あるいは凌駕する力量をもつ方々が多くおられると信じている。当時、これらの方々の最終ポストは「調査役」、あるいは「小支店の次長」止まりであった。なぜ、日銀は、これらの方々にもっと活躍できる場を提供しないのか、残念である。百数十年にわたる伝統と風習により築き上げられてきた日銀の人事政策には、動かすべからざる規矩があるのはよく承知している。しかし、そろそろその方針を緩めてもっと広く人材を求める時代がきているのではなかろうか。

先日、新聞で拝見した女性支店長の登場、そして、重要ポストの企画局に年次を3年飛び越す若手局長を任命するなどの新しい動きは、いずれも白川前総裁の英断と伝えられる。

〔佐藤達雄氏〕　昭和26（1951）年入行、最終ポストは考査局調査役で定年退職。

日銀は、昭和44（1969）年「若手実務研修制度」をスタートし、その第1号として同氏を英国に派遣した。Bournmasの語学校に数カ月留学の後、英蘭銀行、バークレーズ銀行、パリ、フランクフルト為替市場等で研修された。最終ポストは考査局調査役で定年退

職。

〔田中宏司氏〕 昭和29（1954）年入行、最終ポストは考査局調査役で定年退職。

「若手実務研修制度」第2号生。昭和45（1970）年、ミシガン州立大学、チェースマンハッタン銀行、ニューヨーク市立大学のゲストオブザーバー・コースに派遣。国際金融論、近代経済学を履修。帰国後、外国局、日銀ネットプロジェクトチーム、等に勤務。

同氏の日銀退職後の職歴には目覚しいものがある。氏の公職関連の主な履歴書を紹介しておく。

① 内閣府　国民生活審議会委員
② 厚生労働省　ボイラー等の自主検査制度の導入の可否に関する検討会委員
③ 経済産業省委託　人権教育啓発推進の企業における人権及び企業の社会的責任に関する調査検討委員会委員
④ 経済産業省　日本規格協会委員
⑤ 早稲田大学企業倫理研究所客員研究員　など

また、同氏は、「企業コンプライアンス」の分野の権威となり、数冊の本を出版、さらに、「房州」の雅号で書道家としても活躍されている。毎年、見事な年賀状をいただいている。

最後にやや脱線するが、外務省の人事について一つのケースを紹介しておきたい。

〔吉川英男氏〕 昭和59（1984）年4月、特命全権大使としてリベリア・シオラレオネ大使に任命された。氏は、家庭の事情から、昭和10（1935）年、ハイティーンで外務省補助員（給仕）として働き出し、夜学の日大商業学校を卒業。その後留学生試験（現在の専門職試験）に合格、タイ語を専門とし、日米開戦でインドネシアで連合

終章　エピローグ

(日銀時代の畏友) 左から筆者、佐藤氏、田中氏 (95.8.14)

軍に逮捕され、オーストラリアの収容所で1年余を過ごす経験もされた。外務省は昭和52 (1977) 年からノンキャリ職員にも大使の道を開いているが、同氏のようなケースは初めてという (以上、毎日新聞昭和59年4月17日、「ひと」欄による)。

❋某米国大手銀行からの接触

銀行の実名は控えたい。某米国大手銀行としておく。その銀行に Mr. Simkin (仮名) という若い方がおられた。いろいろな機会を捉え私に積極的にアプローチしてこられ、食事にも誘われ、親しく会話を交わすようになった。当時、私はワシントンによく出張していたが、ある日、私が Board から出て来ると玄関口に彼が立っているのに気がついた。虫の知らせか、「よく会うな」と、すこし気になった。

私の思い過ごしかも知れないが、後をつけられているような気がした。数日後、彼が再び近寄ってきて、「銀行に寄って欲しい、ある偉い人が貴方に逢いたがっている」と誘われた。立派な応接間に通され、恰幅のいい白髪の紳士 X 氏が入ってきた。しばらく挨拶言葉を交わした後、彼は、分厚い資料が入っている封筒を持ち出し、「金にご興味があるよ

うですね。これはその資料です。参考になるはずです。差し上げます。ところで一つ質問があります。貴方はなぜ Board や IMF によく出入りしているのか、そのわけをお聞かせ願いたい」と切り出した。私は当時、金の問題に注力しており、ロンドン駐在参事からの金情報等を読む機会もあり、上の人たちが金について何か動いておられることもうすうす感じていた。「さすがは某銀行、早くも臭ぎ付けたか」とピンときた。この面談が怖くなり、何も答えず、資料は受け取らず丁重に挨拶して早々に退出した。その後 Mr. Simikin の接触は遠のいていった。

❀宇佐美洵総裁の思い出

　日銀ノンキャリの端くれにとって、総裁という存在は雲の上の話であり、遠い彼方に輝く「一朶(いちだ)の青い雲」のようなものである。ここである特定の総裁を対象にしてそのお姿を語ることなど、烏滸(おこ)がましくてとてもできない。ただ私の人生に一大転機を与えてくださった第21代宇佐美洵日銀総裁については、私は心の奥底から感謝の念を抱いており、そのお姿を常に心に秘めている。

　以下は、①『日本銀行職場百年〔下巻〕』、②『私の履歴書　経済人14』(日本経済新聞社編) 74頁、③毎日新聞(昭和39年12月17日)、④城山三郎『官僚たちの夏』、⑤日銀旧友会「日の友」375号 (平成12年1月号)、および⑥インターネットから情報を収集した総裁のお姿である。

●宇佐美総裁誕生の政界裏事情

　戦後、日銀総裁のポストは、大蔵省と日本銀行とがほぼ独占し、それぞれの出身者が交替でその任に就かれていた。民意はこの習慣に飽いていた。昭和39 (1964) 年、池田勇人首相は病気退陣に際し、後継首相の佐藤栄作氏に「次期総裁は宇佐美氏に」と申し送り、佐藤首相と田中角栄蔵相との後押しで、当時日銀のプリンスと称され次期総裁と目されて

いた佐々木直氏を押し切る形で、戦後初めての民間銀行出身の宇佐美総裁が実現した。

財界は氏の全銀協会長時の業績を高く評価しており、氏の手腕に期待をこめ、この人事を歓迎した。

●総裁の出身母体と「特定産業振興臨時措置法案」

氏は、慶應義塾大学卒、三菱銀行頭取、全国銀行協会会長を経て、昭和39（1964）年12月17日に第21代日銀総裁に就任された。

氏の全銀協会長時代、昭和38年から39年にかけて、通商産業省は、当時、わが国のIMF 8条国移行後、国際的に貿易・資本取引の自由化が進む局面で、それまでの統制経済体制が崩れ去り、自省の許認可権が次第に失われていく危機感から、国内産業合理化を目的とし官僚主導体制の温存を図るべく「特定産業振興臨時措置法」と称する法案を国会に提出していた。

宇佐美会長は根っからの自由主義者である。会長は「会社の合併による国際競争力の強化を目的とするこの法案の趣旨には反対しないが、この法律により、法的裏づけを持つ官僚統制が助長されるおそれがある」として、野党、業界と協力して法案を審議未了にし廃案に持ち込んだ。この話は、城山三郎著『官僚たちの夏』に生々しく描かれている。

●総裁による新風

宇佐美総裁は法王庁と称された日銀に新風を吹き込まれ、開かれた日銀づくりに努力された。新風と呼ばれる措置を拾い出すと以下のとおりとなる。

① 任期中、証券界の不況対策等を理由に公定歩合を3回引き下げた。
② 日銀と金融界、産業界との間のパイプ役として活躍された。
③ 昭和40（1965）年6月、日銀法25条による山一證券への特別融資のため、市銀3行に特別貸出枠を設定された。

④　昭和41（1966）年1月、財政法特例法による国債発行に対し、「国債発行は市中消化を原則とし、日銀は引き受けない」という原則を鮮明にし政府の野放図な国債発行政策に歯止めをかけられた。

⑤　日銀内の旧習・行風を改めるよう指示された。女子事務服のデザイン、色彩も一新された。

⑥　経済界と日銀職員との交流を密にするため、中堅行員の民間企業派遣制度を実施した。派遣先は、富士製鉄、東京電力、三菱重工、東京芝浦電気、日本郵船、日産自動車等15社に及んだ。

⑦　「中央銀行は行動すれども弁明せず」といったそれまでの日銀のスタンスを、「聞くべきは聞き、言うべきは言う」というスタンスに変えられた。たとえば、公定歩合引上げについて、金融・産業界に対し、引上げに先立ち説明する方法を採用された。

⑧　昭和44（1969）年9月1日の公定歩合引上げから、日銀の金利建てをすべて年金利にするよう改められた。

⑨　日銀の政策重視のスタンスを現場重視のスタンスに変えるよう努力された。

●総裁をめぐる逸話等

　総裁は極めて勉強家である。外遊の飛行機の中で、行きは行内で作成された資料を、帰りは随行員が航空機の座席内で走り書きした報告を、赤鉛筆片手に何度も読み込まれていたそうである。帰りの飛行機内での報告書作りは大変な労力を要する。私も経験があるが、周りの人が、任務が終わってホッとして一杯飲んでうとうとしている中で、ルームランプを引き寄せて、記憶が薄れないうちにと報告書を書くのはとてもきつい仕事である。書き上げるのを待って、総裁は丹念に目を通されたと伝えられる。

　総裁は強直なお人柄である。ある外遊時、目的地のホテルに投宿する

終章　エピローグ

と、某大国の中央銀行総裁が、「お目にかかりたいので私の部屋までお越しいただきたい」と申し込んできた。宇佐美総裁は「会いたければ俺の部屋に来ればいい」と返事され、その招きを断り、自室で面会された。また、ニューヨークでもタクシーは利用せず、大型ハイヤーで随員を従え大名行列をされたと伝えられる。

　総裁から通訳に任命された緒方四十朗理事の苦労話を紹介したい。宇佐美総裁は、交渉相手に会われても、時候の挨拶、ちょっとした雑談など一切抜きでいきなり用件に入られるそうだ。緒方氏は、総裁の言葉を通訳する前に僭越ながら、まず挨拶の言葉を述べ、次いで「ところでせっかくの機会だから一つ質問させてほしい」と伝えてから、用件を切り出されたそうである。後で、緒方氏は、随行の一員から「君の通訳って便利だね。総裁が言わないことまで訳すんだから」と冷やかされたそうだ。

　総裁の粘り腰に通訳は泣かされたそうだ。相手が断っても「そこをなんとか」と粘りに粘る。その通訳に緒方氏は四苦八苦されたそうだ。

　これは、日銀記者クラブの「人事雀」さんから聞いた私のNY事務所転勤の話である。この人事もどうやら宇佐美総裁新風の一つに数えあげられているらしい。この「雀」さんは、「宇佐美さんがもう一期総裁を務めたとしたら、お前さんの行方は変わっていただろうね」と一言付け加え、ニヤリと笑っていた。

　日銀旧館の総裁室、役員室が立ち並ぶ重厚な石造りの2階廊下については前述した。就任されて日の浅い総裁がこの赤絨毯を敷き詰めた廊下をトボトボと歩いておられたが、折よく通りがかった女子行員に道を尋ねられた。

　　総裁「ここはどこですか。総裁室に行きたいのですが」
　　女子行員「失礼ですが、どなた様で」

128

総裁「総裁です。迷いました」
女子行員「アッ」と言って立ちすくんだそうである。

●総裁と私

　日銀入行後、私は第18代一万田総裁から第26代三重野総裁まで、9人の総裁にお仕えした。日銀総裁と一兵卒、軍隊で言えば、元帥と二等兵、雲上の将軍と戦場を這い回る兵士のようにその間には計り知れない隔たりがある。とてもでないが、同一の「…」内で云々できる間柄ではない。にもかかわらず、私は、何回か、総裁から声をかけられ、後に総裁となった方々から命令・依頼・勧告を受けた経験がある。順を追って思い出してみよう。

・宇佐美総裁

　　NY駐在参事付き発令時、「しっかりやってこい」、NY事務所での会食時「やっとるか」。

・前川総裁（当時理事）

　　NY事務所出発壮行会、どこで何を食べたか記憶なし。

・三重野総裁

　　NY事務所勤務時、三重野氏が住んだというアパートを引き継ぐ。エリートの間の結びつきの強さに驚く。

・速水総裁（当時外国局長）

　　ニクソンショック直後、国際通貨情勢は大荒れ、当時私は運用係長、実務でたびたび米国へ。

・福井総裁（当時人事部次長、後に、第29代総裁、OB会の席上）

　　次長の懇々たる説得に負けて、私は後数年残っている日銀生活をあきらめ、クレジットカード業界へ転進した。後日OB会でその思い出を話したところ、「よく覚えていますよ」と言われた。

・白川前総裁（当時新入行員、後に、総裁、OB会の席上）

終章　エピローグ

1980.4.5　BIS 総裁ロイトビラー夫妻来日。娘春美がホステス役として案内（奈良）

　私は、前総裁が入行され初めて配属された係の係長であった。

　後日、OB 会で「あの時はお世話になりました」とのお言葉をいただいた。

・エミンガー、ドイツブンデスバンク元総裁、ご夫妻で来日、大阪、奈良観光のお供。

・ロイトビラー、国際決済銀行総裁、ご夫妻で来日、京都、大阪、神戸、奈良観光。

　私は、NY およびバーゼルでお会いしたことがあった。覚えていてくださった。

　婦人同伴であるので私は当時上智大大学院学生であった娘を駆り出した。

　以下は娘の感想文（6 枚）の一節である。なかなか面白い。

① 日本人はどうしてそんなに堅苦しいのか、自分たちは今休暇できている。もっと relax してください。娘はたちまち本領発揮。キャ

ーキャーとやりだす。
② 　自分たちは typical swiss（保守的で、どちらかと言えば心が狭い）ではない。
③ 　総裁は冗談好き、若々しい、茶目っ気たっぷり。
④ 　奥様は40代とは思えない若々しさ。
⑤ 　商店街で、お２人は手を繋ぎ、肩を寄せ合い、楽しそうに歩き回っておられた。そこには肩書き、名誉、職務の重圧を消化しつくしたお姿がうかがわれた。

〔略　歴〕

〔略　歴〕

末藤高義（すえふじ　たかよし）

昭和 4（1929）年　5 月、大分市で出生
　　11（1936）年　宇都宮小学校入学
　　13（1938）年　福島小学校へ転校
　　17（1942）年　福島中学入学
　　　同年　御船中学へ転校
　　19（1944）年　済々黌中学へ転校
　　22（1947）年　　同上卒業
　　　同年　日本銀行熊本支店入行
　　25（1950）年　済々黌高校夜間部卒業
　　　同年　本店外国為替局へ転勤
　　27（1952）年　外務省研修所へ派遣（半年間）
　　33（1958）年　中央大学第二法学部卒業
　　38（1963）年　フルブライト留学生とし渡米
　　　　　　　　　American University School of International Service へ入学
　　39（1964）年　　同上大学院修士課程終了
　　41（1966）年　青山学院大学非常勤講師（日銀と兼務）
　　42（1967）年　日銀 NY 事務所勤務
　　52（1977）年　大阪支店へ転勤
　　54（1979）年　神戸支店へ転勤
　　56（1981）年　本店外国局へ転勤
　　59（1984）年　人事部付き

〔略　歴〕

　59（1984）年　日銀退職
　　　　　　同年　VISA International　入社
平成元（1989）年　日本信販入社
　2（1990）年　MasterCard International　入社
　6（1994）年　　同上退職
以後、執筆活動を続け今日に至る

〔連絡先〕
〒168-0081　東京都杉並区宮前 2-20-6

ある日銀マンの昭和史
──ノンキャリ・一兵卒の「私の履歴書」──

平成25年5月6日　第1刷発行

定価　本体1,000円（税別）

著　　者　末藤高義
発　　行　株式会社　民事法研究会
印　　刷　株式会社　太平印刷社

発 行 所　株式会社　民事法研究会
　　　　〒150-0013　東京都渋谷区恵比寿 3-7-16
　　　　〔営業〕TEL 03(5798)7257　FAX 03(5798)7258
　　　　〔編集〕TEL 03(5798)7277　FAX 03(5798)7278
　　　　http://www.minjiho.com/　info@minjiho.com

落丁・乱丁はおとりかえします。ISBN978-4-89628-862-9　C0033 ¥1000E
カバーデザイン　袴田峯男